El contrato de distribución

Diego Thomás Castagnino

Universidad Católica Andrés Bello, Abogado; Profesor de Derecho Civil III y de postgrado. **Universidad de Alcalá**, Máster en Derecho de la Empresa y Máster en Negocio Bancario y Agente Financiero. **Universidad Central de Venezuela**, Especialista en Derecho Mercantil; Profesor de Derecho Mercantil I y de postgrado. Árbitro del Centro de Arbitraje de la Cámara de Comercio de Caracas y del Centro Empresarial de Conciliación y Arbitraje (CEDCA)

El contrato de distribución

Revista Venezolana de Legislación y Jurisprudencia, C. A.
Caracas, 2018

Editorial RVLJ (Revista Venezolana de Legislación y Jurisprudencia, C. A.)

Diseño y diagramación: Reinaldo R. Acosta V.
Corrección: Elizabeth Haslam
Depósito Legal N° DC2018001895
ISBN 978-980-7561-06-8
Correo: revista_venezolana@hotmail.com
Twitter e instagram: @la_rvlj
www.rvlj.com.ve
Los Ruices, Edificio Annabela, Caracas-Venezuela. Código Postal 1071
Teléfono: (0212) 234.29.53

Dedicatoria

Primeramente a Dios y a la Virgen, por jamás abandonarme.

A mi madre por enseñarme a nunca quedarme con los brazos cruzados e ir siempre tras mis sueños.

A mi padre por inculcarme el valor de la palabra, la importancia de la familia y enseñarme, con su ejemplo, que caer está permitido pero levantarse es obligatorio.

A mis hermanos por su apoyo incondicional y lealtad.

A mis amigos por estar siempre allí.

A mí querida profesora, madrina y tutora, Tamara Adrián.

A mis alumnos de la UCAB y la UCV por todo lo que me han enseñado y por ser fuente de inspiración.

Y, finalmente, a la Venezuela que está por venir.

Índice

Presentación 15

Capítulo I
La evolución de la distribución comercial 21
1. Introducción 21
2. La aparición de la distribución comercial 23
   2.1. *Primeros intercambios comerciales* 24
   2.2. *La Revolución Industrial* 28
3. La distribución comercial en Venezuela 36
   3.1. *De pequeños locales independientes a cadenas organizadas* 36
   3.2. *La política comercial venezolana del período 1990-1995* 38
   3.3. *Expropiaciones y controles: 1999-2013* 39
   3.4. *Desabastecimiento e hiperinflación: 2013 en adelante* 40
4. Evolución de la legislación en materia de contrato de distribución 46

Capítulo II
Precisión terminológica
1. Aproximación al problema 51
2. Términos particulares inherentes a la actividad distributiva 52
   2.1. *Distribución comercial* 52
   2.2. *Sistema de distribución comercial* 56
   2.3. *Canal de distribución* 57

3. Términos relacionados con el objeto de la distribución comercial..... 57

4. Términos relacionados con los sujetos que intervienen en la actividad distributiva 60

   4.1. *Productor-fabricante-proveedor* 60

   4.2. *Distribuidor-importador-comercializador-prestador de servicio* 64

   4.3. *Destinatario-consumidor-usuario* 66

Capítulo III
EL CONTRATO DE DISTRIBUCIÓN SEGÚN LA DOCTRINA MERCANTIL

1. Aproximación al concepto de contrato de distribución 71

2. Definición del contrato de distribución 75

   2.1. *Definición legal de contrato de distribución* 75

   2.2. *Definición en sentido amplio de contrato de distribución* 82

   2.3. *Definición en sentido estricto del contrato de distribución* 84

3. Características del contrato de distribución en sentido amplio 85

   3.1. *Existencia de dos empresas u organizaciones independientes relacionadas mediante un contrato bilateral* 86

   3.2. *Vínculo de cooperación (o colaboración)* 86

   3.3. *Estabilidad o permanencia* 87

   3.4. *Sometimiento del distribuidor a las directivas del productor* 87

Capítulo IV
UBICACIÓN DEL CONTRATO DE DISTRIBUCIÓN EN LA CLASIFICACIÓN GENERAL DE LOS CONTRATOS

1. Aproximación al problema 89

   1.1. *Bilateral* 90

    1.2. *Oneroso* 93
    1.3. *Conmutativo* 94
    1.4. *Consensual* 95
    1.5. *Principal* 96
    1.6. *De tracto sucesivo* 97
    1.7. *Típico e innominado* 99
    1.8. *Entre personas lejanas y entre presentes* 111
    1.9. *Paritario* 112
    1.10. *Individual* 116
    1.11. *Intuito Personae* 117
    1.12. *Causado* 118
    1.13. *Interno o internacional* 118
    1.14. *Privado* 118
2. El contrato de distribución como contrato de colaboración 123
3. La actividad precontractual en el contrato de distribución 127

Capítulo V
REQUISITOS PARA LA EXISTENCIA Y VALIDEZ DEL CONTRATO DE DISTRIBUCIÓN

1. Introducción 131
2. Requisitos de existencia 131
    2.1. *Consentimiento* 132
    2.2. *Objeto* 134
    2.3. *Causa* 136
3. Requisitos de validez 136
    3.1. *Capacidad de los contratantes* 137
    3.2. *Ausencia de vicios del consentimiento* 139

Capítulo VI
Obligaciones de las partes en el contrato de distribución

1. Introducción 143
2. Situación jurídica del productor 145
   2.1. *Derechos del productor* 145
   2.2. *Deberes y obligaciones del productor* 149
3. Situación jurídica del distribuidor 163
   3.1. *Derechos del distribuidor* 163
   3.2. *Deberes y obligaciones del distribuidor* 164

Capítulo VII
Diferencias entre el contrato de distribución y los contratos de agencia, comisión y franquicia de distribución

1. Aproximación al problema 171
2. Distribución y agencia 171
3. Distribución y comisión 176
4. Distribución y franquicia 178

Capítulo VIII
Los límites que encuentra la libre autonomía de la voluntad de las partes en el contrato de distribución

1. Introducción 183
2. El principio de la autonomía de la voluntad 184
3. Límites al principio de la autonomía de la voluntad 191
   3.1. *El orden público* 193
   3.2. *Las buenas costumbres* 198
   3.3. *El principio de la buena fe contractual* 200

3.4. *Los límites derivados de la ley* 204
3.5. *Límites en materia de defensa de las personas en el acceso a bienes y servicios* 209
3.6. *Limitaciones en materia de derecho de la competencia* 219
3.7. *Limitaciones en materia de derecho laboral* 226
3.8. *Limitaciones en otras leyes* 231

Conclusiones 245

Bibliografía 251

Presentación

La globalización, el acelerado crecimiento de la economía mundial, el desarrollo de las comunicaciones y las continuas crisis económicas son tan solo algunos de los factores que han generado la evolución de la actividad comercial, obligando a los comerciantes a ingeniar mecanismos que les permitan hacer frente a estos nuevos retos y a los abogados a idear novedosas formas para documentar dichos mecanismos y proteger los derechos e intereses de las partes.

Surge así el contrato de distribución como respuesta a la dinámica actividad comercial, en donde los productores o fabricantes confían a empresarios independientes, llamados «distribuidores», la comercialización de sus bienes o servicios.

El uso habitual del contrato de distribución en el comercio se transformó en una costumbre mercantil y, por consiguiente, es posible afirmar que se trata de un contrato típico, innominado y de colaboración empresarial, en donde la voluntad de las partes es constitutiva y reguladora de los efectos jurídicos de la relación contractual.

La presente obra tiene por objeto analizar el contrato de colaboración empresarial de distribución como un mecanismo para la comercialización de bienes y servicios en Venezuela, describir la comercialización de bienes y servicios según la doctrina venezolana, explicar el contrato de distribución según la doctrina mercantil, y estudiar los límites que encuentra la libre autonomía de la voluntad de las partes en el contrato de distribución.

La creciente utilización de la figura en el país, el interés suscitado en la doctrina y jurisprudencia foránea, su escaso estudio por parte del derecho mercantil venezolano, su importancia en el campo comercial y su repercusión en el ámbito jurídico son algunas de las razones que justifican la elaboración de este trabajo.

A lo largo de la obra se pretende responder a las siguientes interrogantes: ¿cómo ha evolucionado la comercialización de bienes y servicios en Venezuela?; ¿cuál es el rasgo característico que diferencia a la distribución comercial de otras actividades similares?; ¿cuál es la definición del contrato de distribución?; ¿cuáles son las principales obligaciones de los contratantes? y ¿cuáles son los límites que encuentra la libre autonomía de la voluntad de las partes en el contrato de distribución?

La principal motivación para la realización de esta investigación radica en la importancia que tiene el contrato de distribución para la sociedad venezolana, por tratarse del eje organizador de algunos de los intercambios comerciales, y por suponer una fuente de generación de empleo, importancias que han justificado el control y supervisión de la figura por parte del Estado, especialmente en cuanto a la distribución de alimentos y materia prima.

A los fines de analizar la evolución del contrato de distribución, en la primera parte del presente trabajo, se describirá el desarrollo de la distribución comercial, desde sus inicios, cuando el hombre primitivo supera la fase de autoconsumo y realiza los primeros intercambios comerciales, pasando por la Revolución Industrial, hasta la actualidad.

A pesar de tratarse de una figura utilizada por los comerciantes desde hace siglos, el contrato de distribución como objeto de estudio constituye un acontecimiento relativamente novedoso en el marco de las ciencias económicas-empresariales.

Si bien la figura ha recibido una escasa atención en la doctrina venezolana, en países como España y Francia, el contrato de distribución se ha venido analizando por la doctrina especializada desde mediados de los años ochenta.

Como consecuencia de lo anterior, y aunado al hecho de ciertos solapamientos y duplicidades de términos que se observan en las leyes que regulan la materia, en el presente trabajo, se realizará una precisión terminológica preliminar a la explicación que se hará sobre el contrato de distribución según la doctrina mercantil.

El contrato de distribución se puede analizar desde su concepción amplia, la cual se refiere a los distintos modos de comercialización que recurre una empresa productora de bienes o servicios, encomendando a otra persona o empresa que los coloque en el mercado, ya sea por medio de terceros, o vendiendo directamente a los consumidores el producto o servicio de la empresa productora, adoptando la forma de comercialización[1], o en su sentido estricto, entendido como un medio determinado, con características propias, que utiliza el productor (o mayorista) para colocar su mercadería en el mercado[2].

La doctrina coincide en agrupar a los contratos de agencia, concesión, distribución propiamente dicha y a la franquicia, bajo la categoría más general de los contratos de colaboración empresarial, esto es, aquellos que apuntan no tanto a los vínculos y finalidades asociativas, sino, más bien, predominantemente a la denominada distribución en sentido amplio, y los encuadra además en la moderna figura de los contratos conexos (conexados o coligados), que ofrecen importantes aplicaciones en materia de responsabilidad y, dentro de ella, la particularidad de su extensión a sujetos que no han sido partes directas en los contratos que se vinculan[3].

---

[1] FARINA, Juan M.: *Contratos comerciales modernos*. 2.ª, Editorial Astria. Buenos Aires. 1993, p. 403.
[2] Ibíd., p. 386.
[3] LÓPEZ, Ana: *Los contratos conexos*. José M. Bosch Editor. Barcelona. 1994, p. 14.

Considerando que el estudio de la distribución en su sentido amplio ha sido objeto de continuo debate en la doctrina, ya que se trata de una expresión genérica, por referirse a todas aquellas técnicas, procedimientos y contratos dirigidos a hacer llegar un producto o servicio desde la empresa fabricante o proveedora hasta el consumidor final, se descarta su análisis en este trabajo, y se centra su atención en el estudio de la figura en su sentido estricto, es decir, en la distribución referida a un modo particular de vinculación entre la empresa productora y el sujeto que coloca los productos en el mercado.

También se descarta el análisis de los llamados «contratos de reventa», que son los contratos realizados entre el distribuidor minorista y los consumidores, por exceder del ámbito del derecho de la distribución propiamente dicho.

La presente obra se centra en los contratos suscritos entre los productores, o fabricantes, por una parte, y los distribuidores, sean mayoristas o minoristas, por otra, para la comercialización de bienes o servicios, que constituyen el objeto específico del llamado «derecho de la distribución comercial».

La naturaleza del contrato de distribución y sus variados alcances se analizará partiendo de su ubicación dentro de la clasificación general de los contratos, obedeciendo a caracteres técnico-jurídicos.

Se hará especial énfasis en la ubicación del contrato de distribución como un contrato de colaboración, por tratarse de un mecanismo que surge para regular la comercialización de bienes y servicios, permitiendo ampliar el alcance de los negocios del productor, excluyendo los costos de comercialización de su estructura empresarial y permitiendo concentrar las inversiones de capital en su actividad principal: la productiva, obteniendo mayores beneficios con menos riesgos.

Se explicará el contrato de distribución como un contrato que, si bien carece de una regulación especial en el ordenamiento jurídico venezolano, cuenta con tipicidad, debido a su reiterado uso en el comercio.

Por otro lado, se pretende concluir que la legalidad de los contratos de distribución encuentra su basamento en el artículo 1140 del Código Civil, que establece la posibilidad a las partes de celebrar contratos innominados y en el artículo 1159 *eiusdem*, el cual consagra el principio de la libre autonomía de la voluntad de los contratantes.

Siguiendo con la explicación del contrato de distribución según la doctrina mercantilista, se analizarán los requisitos para su existencia y validez, de acuerdo con lo establecido en los artículos 1141 y 1142 del Código Civil, para luego explicar los derechos y obligaciones de las partes.

A los fines de resaltar los rasgos característicos que diferencian a la distribución comercial en sentido estricto, de otras actividades similares, se comparará la figura con instituciones jurídicas similares, como lo son los contratos de franquicia, agencia y comisión, ya que, por su similitud, pueden causar confusión con el contrato objeto de estudio.

En el presente trabajo se analizará la manera en la cual el orden público, las buenas costumbres y las normas imperativas constituyen límites al libre desenvolvimiento de la voluntad de las partes en el contrato de distribución.

Capítulo I
La evolución de la distribución comercial

1. Introducción

Tradicionalmente, las funciones inherentes a la comercialización de bienes y servicios han estado a cargo del productor del bien o del prestador del servicio, pero las exigencias de un mercado cada vez más competitivo han propiciado una evolución de los esquemas usuales de comercialización, dando nacimiento a novedosos modelos de negocios en donde la colaboración empresarial tiene un rol protagónico.

Los bienes y servicios que se vuelcan al mercado tienen como destinatarios finales a los consumidores, por lo que las empresas productoras tienen la imperiosa necesidad de llegar con sus productos o servicios al público de modo eficiente, uniforme, ágil, con el menor riesgo y costo posible.

Para Farina[4], de esto deriva, necesariamente, un incremento de los gastos de explotación y el aumento de la complejidad comercial, debido a la dispersión de la clientela, lo cual determina la necesidad de contar con adecuados canales de comercialización que permitan superar estas dificultades.

La empresa productora (al igual que la mayorista) puede llegar al público consumidor (o a los minoristas) por medio de:

—Canales propios o «red de comercialización directa», en donde el productor asume el riesgo de la venta directa, así se trate de ventas realizadas exclusivamente a mayoristas. El productor puede llegar al público sin

---

[4] Farina: *op. cit.* (*Contratos comerciales…*), p. 391.

recurrir a una red integrada por terceros, por medio de bocas de expendio directo, oficinas de venta, sucursales, *stands* y locales de ventas en centros comerciales[5].

–Canales integrados por terceros, en donde el canal está constituido por comerciantes que actúan en nombre propio, unidos por contratos uniformes a la empresa productora que, de este modo, se apoya en centros autónomos que pueden adoptar figuras más o menos rígidas[6]. Es precisamente en los canales integrados por terceros en donde la distribución comercial tiene especial importancia.

Surgen, así, modernas figuras contractuales en donde los productores confían la comercialización de sus bienes o servicios, a comerciantes independientes, que se obligan a colocar sus estructuras comerciales al servicio del productor, asumiendo los riesgos de la operación.

La comercialización mediante terceras personas que colaboran en la colocación de bienes o servicios requiere de un esquema contractual que regule la relación con un cierto grado de estabilidad, independencia y con un fin común: que ciertos bienes o servicios lleguen a un sector determinado.

El contrato de colaboración empresarial de distribución surge como un mecanismo para regular la comercialización de bienes y servicios, que permite ampliar el alcance de los negocios del productor, excluyendo los costos de comercialización de su estructura empresarial y permitiendo concentrar las inversiones de capital en su actividad principal: la productiva, obteniendo mayores beneficios con menos riesgos.

Las actividades que implican la distribución comercial son realizadas por numerosas personas e instituciones, que actúan como eslabones intermedios

---

[5] Ibíd., p. 392.
[6] Ibíd., pp. 391 y 392.

entre productores y consumidores, transformando la relación tradicional bipolar, constituida por el productor y adquiriente, en relaciones comúnmente triangulares, formadas por el vínculo jurídico surgido entre: productor-distribuidor-adquiriente; pudiendo encontrarse otros individuos, como por ejemplo el caso del distribuidor que revende a otros distribuidores mayoristas, quienes a su vez revenden el producto al consumidor final. El conjunto de esos eslabones intermedios constituye el conocido sistema comercial[7] o sistema de distribución comercial[8].

Este modo de realización del comercio moderno ha propiciado la creación de cadenas de comerciantes que han hecho de las labores de intermediación y comercialización de bienes y servicios, su propio género de comercio o el objeto de su actividad mercantil misma, incorporándose al proceso productivo y formando los denominados «sistemas de distribución comercial».

Los sujetos que participan en el comercio moderno se han visto en la necesidad de unir fuerzas para alcanzar objetivos propios y comunes, y lo han hecho mediante la implementación del sistema de distribución comercial, en donde el contrato de distribución surge como un indispensable mecanismo para regular la relación de colaboración empresarial entre las partes.

2. La aparición de la distribución comercial

En aras de comprender la estructura y demás características del contrato de distribución comercial como acuerdo para reglamentar los términos y condiciones de la actividad distributiva de bienes y servicios en Venezuela, resulta indispensable conocer el origen y la evolución de la distribución comercial desde los primeros intercambios comerciales conocidos por

---

[7] Peris, Salvador Miquel *et al.*: *Distribución comercial*. 5.ª, ESIC Editorial. Madrid. 2006, p. 33.
[8] Casares, Javier y Rebollo, Alfonso: *Distribución comercial*. Civitas. Madrid. 1996, pp. 28-33.

el hombre hasta la Revolución Industrial como punto de impulso para la distribución comercial.

Los autores coinciden en que el origen de la distribución comercial se puede situar en el momento en el cual el hombre primitivo supera la fase de autoconsumo y realiza los primeros intercambios comerciales. Sin embargo, es gracias a la Revolución Industrial que la distribución comercial empieza a formar parte importante de toda economía[9].

Es por ello que a continuación se procederá a explicar cuáles fueron los primeros intercambios comerciales realizados por el hombre, las consecuencias de la Revolución Industrial sobre la distribución, su desarrollo desde 1850 hasta nuestros días, y se concluirá con un análisis sobre la evolución de la actividad comercial y distributiva en Venezuela.

2.1. *Primeros intercambios comerciales*

Cuando las tribus y sus integrantes dejaron de ser nómadas y se vieron en la necesidad de adquirir bienes producidos o tenidos por otras tribus o personas, emprendieron como medida de solución el intercambio de bienes. El trueque constituye la primera manifestación de intercambio de bienes que se conoce, y es de suponer que el lucro estaba ligado a que una de la partes asignara un mayor valor a sus cosas, por lo tanto, ya existiría provecho económico[10].

Las civilizaciones de Caldea y Egipto fueron de las pioneras en ejercer la actividad comercial; de hecho, prestigiosos historiadores atribuyen el nacimiento de la escritura a Caldea, precisamente por imperativos de las

---

[9] Vásquez, Rodolfo y Trespalacios, Juan Carlos: *Distribución comercial: Estrategias de fabricantes y detallistas*. Madrid. Civitas. 1997, pp. 27 y 28.
[10] Albornoz, Paul: *Curso de Derecho Mercantil*. Ediciones Liber. 2010, p. 10.

transacciones comerciales, es decir, que fue una invención nacida expresamente para facilitar el comercio[11].

No obstante, a criterio del autor Ballester, fueron los fenicios el paradigma del pueblo comerciante, ya que fueron grandes viajantes, mercaderes, y fundadores del comportamiento comercial en el Mediterráneo, África, Inglaterra y en los países Bálticos.

Las necesidades del comercio llevaron a los fenicios a simplificar la escritura, creando así el alfabeto, que fue adoptado por los griegos y después por todos los demás países, constituyéndose en los primeros educadores de los pueblos europeos[12].

Los fenicios comerciaban telas, colorantes, esencias, especias, armas, ámbar, piedras preciosas y conocimiento; fueron prósperos debido a la estricta contabilidad que hacían de sus negociaciones, fueron los creadores de los estudios de mercado y, de alguna manera, de la publicidad[13].

Tal y como lo afirma el jurista venezolano Morles Hernández[14], Grecia fue el centro comercial del Mediterráneo durante varios siglos, especialmente a partir del siglo VI antes de Jesucristo. Los romanos recibieron la tradición cultural griega y la incorporaron a sus instituciones. La base de la economía romana era el cultivo de la tierra, eje fundamental del comercio y del artesanado.

En este sentido, los griegos y, sobre todo los romanos, con la mejora del transporte terrestre y marítimo que llevaron a cabo en su imperio, y con la

---

[11] Peris *et al.*: *op. cit.*, p. 41.
[12] Ídem.
[13] Mazel, Jean: *El secreto de los fenicios*. 3.ª, Editorial Bruguera. 1976, p. 14.
[14] Morles Hernández, Alfredo: *Curso de Derecho Mercantil. Introducción a la empresa, el empresario*. Tomo I. UCAB. Caracas. 2004, pp. 10-14.

implantación de un sistema monetario unificado, impulsaron el desarrollo del comercio y de la economía artesanal[15].

A raíz de la caída del Imperio romano de Occidente en el año 476 después de Jesucristo, a manos de los bárbaros, se produjo una grave situación de inseguridad social que trajo como consecuencia una severa disminución de los intercambios comerciales, debido a que se desarrollaron formas económicas autárquicas o de economía cerrada[16].

A partir del siglo XI, tiene lugar el resurgimiento del comercio por medio de los mercaderes italianos, haciendo que los dos polos del comercio europeo sean entonces el Mediterráneo y el Mar del Norte[17].

En el siglo XV, el comercio entre Europa y Oriente se realizaba recorriendo el Mar Mediterráneo hasta Constantinopla y a partir de allí por tierra. El imperio turco conquistó estos territorios impidiendo el paso de los europeos hacia el continente asiático.

La necesidad de encontrar nuevas rutas para llegar a las Indias impulsó a los portugueses y españoles a buscarlas para poder continuar sus actividades comerciales.

Es así como bajo el impulso de portugueses y españoles se produjo, en el siglo XV, un gran avance en navegación, que los llevaría a descubrir nuevas rutas marítimas y comerciales.

El desarrollo de la imprenta, de las técnicas de la minería y metalurgia, y de las armas de fuego son solo algunos de los novedosos cambios tecnológicos

---

[15] PERIS *et al.*: *op. cit.*, p. 42.
[16] MORLES HERNÁNDEZ: *op. cit.*, t. I, p. 14.
[17] PERIS *et al.*: *op. cit.*, p. 43.

surgidos a mediados del siglo XV, que fueron el preámbulo de la fase de expansión económica del siglo XVI.

El uso de la brújula tuvo gran importancia en el siglo XVI, ya que permitió a los españoles buscar una ruta que los comunicara con Asia navegando hacia el oeste, atravesando el océano Atlántico. Fue entonces, con el descubrimiento de América, cuando se le vuelve a dar un gran impulso al comercio.

Sin embargo, tal y como lo indica DE VRIES[18], el volumen económico europeo durante la primera mitad del siglo XVII comenzó a decaer, debido a que se produjo una crisis de la economía colonial que hizo que el comercio internacional se resintiera de ello y supuso el fin de la gran expansión europea del siglo XVI.

El primer escollo comercial se produjo entre 1619 y 1622 como consecuencia del hacinamiento de productos que condujo a una especulación monetaria, es decir, a cambios en los valores del oro y la plata y a emisiones adicionales de cobre. Estas alteraciones de la ley de las monedas tuvieron el efecto de crear un caos monetario.

Otra de las razones indicadas por el precitado autor que motivaron la caída del volumen europeo fue el hecho de que las instituciones políticas y sociales de Europa ponían enormes trabas a los comerciantes, los cuales iban acumulando beneficios al haber escasas alternativas para la inversión.

Los barcos ingleses y holandeses sustituyeron en muchos mercados a los comerciantes mediterráneos no solo por su éxito en la venta de sus telas, sino también porque desde la primera década del siglo XVII los consumidores que quisiesen comprar pimienta y especias debían dirigirse a ellos.

---

[18] DE VRIES, Jan: *La economía de Europa en un período de crisis 1600-1750*. Cátedra. Madrid. 1979, pp. 23-35.

En muy poco tiempo los portugueses en el Oriente y los españoles en el Nuevo Mundo se vieron suplantados por las agresivas prácticas comerciales de holandeses e ingleses[19].

Es a partir de la segunda mitad del siglo XVIII, con el triunfo del liberalismo y con la supresión de los reglamentos y el corporativismo, cuando empieza el resurgimiento.

Desde entonces, a lo largo de todo el siglo XIX, la industria progresa rápidamente, a pesar de un sinfín de problemas sociales.

En 1789, el triunfo de la Revolución francesa coincide con la divulgación y aceptación de las teorías económicas naturalistas, especialmente las de Adam Smith, conforme a las cuales al Estado solo le compete garantizar la libertad al ciudadano, ya que el orden económico racional y beneficioso para todos se logra en forma natural[20].

2.2. *La Revolución Industrial*

La Revolución Industrial favoreció tanto a la producción como a la distribución de los bienes. Es por ello que, a partir de 1850, se inicia una evolución, desarrollo y transformación del sistema de distribución que no ha cesado aún.

Según DUCROCQ *et al.*, la evolución del sistema de distribución se divide en cuatro etapas, las cuales han denominado de la siguiente manera: i. Los primeros pasos: 1850-1950; ii. La revolución comercial: 1950-1980; iii. La nueva partida: 1980-1990; iv. La distribución electrónica: 1990 en adelante[21].

---

[19] DE VRIES: *op. cit.*, p. 35.
[20] MORLES HERNÁNDEZ: *op. cit.*, t. I, p. 22.
[21] DUCROCQ, Cédric; JAMIN, Nathalie y LAGRANGE, Sophie: *La Distribution*. Ediciones Gilbert Joseph. París. 1994, pp. 39 y 48.

i. Los primeros pasos: 1850-1950

La primera etapa, directamente unida a la Revolución Industrial, se ha caracterizado por la disociación sucesiva de las funciones de fabricación y de comercialización de los bienes. La producción en serie cambia la función del vendedor.

El artesano compra los productos semiacabados y desempeña un papel en el proceso de fabricación, mientras que el comerciante compra productos acabados y los revende sin hacerles ninguna transformación.

De esta manera, el almacén de «listo para llevar» reemplaza al taller, y los almacenes de confección van sustituyendo al sastre.

Según DUCROCQ[22], esta etapa se caracteriza por la nueva organización de los medios; la aparición de la venta en masas; el inicio de la organización de la distribución en redes integradas o asociadas; aparecen los primeros almacenes populares e inventan la política de la marca; se consolidan los grandes almacenes y aparece el autoservicio.

Con la aparición del libre servicio o autoservicio, la función de prescriptor que tenía el comerciante va desapareciendo, dando lugar a la aparición del término «distribuidor», inventada por el francés Edouard LECLERC, que rebaja al comerciante al rango de repartidor[23].

Para CASARES y REBOLLO[24] la evolución histórica del comercio en la España del siglo XX abarca dos grandes períodos: 1. Hasta el año 1959, y se caracterizaría por la predominancia en España del comercio tradicional, el cual a su vez se divide en tres períodos: período «cuasigremialista» (1900-1936), período afectado por la guerra civil (1936-1939)

---

[22] DUCROCQ, JAMIN y LAGRANGE: *op. cit.*, p. 39.
[23] PERIS *et al.*: *op. cit.*, p. 31.
[24] CASARES y REBOLLO: *op. cit.*, pp. 195-198.

y la posguerra (1939-1949) y período de consolidación del comercio tradicional monovalente. 2. Desde 1960 hasta nuestros días, basado en la distribución masiva.

En el período «cuasigremialista» el problema esencial fue el abastecimiento de productos alimentarios básicos, ya que se pasa de una economía de autoconsumo a una economía de mercado[25].

El comercio solía ser tradicional y aislado. Más del 50 % de la población española era rural, lo que propició el autoabastecimiento, por lo que el comercio tradicional se caracterizaba por ofrecer un surtido reducido que satisfacía las necesidades básicas[26].

En el período afectado por la guerra civil y la posguerra aumentaron los problemas de abastecimiento en España, por lo que se efectúa un fuerte control por parte del Estado a través de políticas de racionamiento, lo que conllevó la aparición de un importante mercado negro.

En este contexto no existieron prácticamente novedades en las formas comerciales, predominando los comercios tradicionales y la venta ambulante[27].

El período de consolidación del comercio tradicional monovalente se produce durante la década de los cincuenta gracias al proceso de emigración rural y concentración urbana[28].

De igual manera, en este período se crearon los mercados de barrio divididos en puestos de pequeños tamaños y monovalentes.

---

[25] Ibíd., p. 195.
[26] Ibíd., p. 196.
[27] Ibíd., p. 197.
[28] Ídem.

En el centro de las ciudades, para la distribución minorista de productos no alimentarios, empiezan a aparecer en los últimos años de este período algunos grandes almacenes, almacenes populares y tiendas especializadas[29].

En este sentido, el conocido Corte Inglés, creado por Ramón Areces, abre su primer establecimiento como gran almacén en 1962 en Barcelona[30], mientras que el también conocido almacén popular Simago fue fundado por el cubano José Manuel Mayorga en 1960[31].

ii. La revolución comercial: 1950-1980

La segunda etapa de la evolución, desarrollo y transformación del sistema de distribución propuesta por Ducrocq[32] empieza en 1950 y concluye en 1980.

Esta etapa se caracteriza por la aparición de la sociedad de consumo y el éxodo de la población rural hacia las ciudades, lo cual impulsó la producción y la distribución en masa. Durante este período aparecen las grandes superficies periféricas.

En 1950, nace en Francia el hipermercado como respuesta a la elevación del nivel de vida de la población francesa, urbanización creciente y desarrollo del parque automovilístico.

El 15 de junio de 1963, se inaugura el primer híper francés en Sainte-Geneviève-des-Bois de la mano de los que serían los fundadores de Carrefour: Marcel Fournier y los hermanos Jacques y Denis Defforey[33].

---

[29] Ibíd., p. 198.
[30] Peris et al.: *op. cit.*, p. 141.
[31] Sainz de Vicuña Ancín, José María: *La distribución comercial: opciones estratégicas*. ESIC Editorial. Madrid. 1996, p. 65.
[32] Ducrocq, Jamin y Lagrange: *op. cit.*, p. 40.
[33] Instituto Español del Comercio Exterior: *Guía País Francia*. http://www.icex.es/staticFiles/Francia_6810_.pdf.

Si bien con el nacimiento del primer hipermercado ocurrió un incremento del desarrollo de este tipo de comercio en el mercado francés, también se cerraron varios comercios minoristas y, por consiguiente, surgieron múltiples quejas y manifestaciones por parte de este sector[34].

Como consecuencia de esto, se promulga, en 1973, la *Loi d'Orientation du Commerce et de l'Artisanat*, conocida como Ley Royer.

Esta ley somete la creación de grandes comercios a una autorización administrativa previa, y a la obtención de un dictamen favorable por parte de la comisión de urbanismo. Bajo la vigencia de esta ley, se llegó a autorizar hasta dos millones de metros cuadrados de nueva superficie de venta anual[35].

A partir de 1960, el período de comercio tradicional español da paso a la construcción de los pilares de la distribución masiva como consecuencia de los movimientos migratorios, el crecimiento de la renta y el desarrollo del turismo, aunque fue partir de 1970 cuando realmente se inició el período de distribución masiva[36].

iii. La nueva partida: 1980-1990

La tercera etapa propuesta por DUCROCQ[37], es la llamada «nueva partida», que inicia en el año de 1980 y culmina en 1990, y es donde surge la imperiosa necesidad de estudiar las nuevas formas de satisfacer al cliente, pues los nuevos consumidores son cada vez más exigentes.

A criterio de DUCROCQ[38], los consumidores de los años 50 hasta 80 eran fáciles de satisfacer, pero en la década de los 80 la demanda se hacía cada vez

---

[34] Ídem.
[35] Ídem.
[36] CASARES y REBOLLO: *op. cit.*, p. 198.
[37] DUCROCQ, JAMIN y LAGRANGE: *op. cit.*, p. 41.
[38] Ibíd., p. 42.

más específica y segmentada. La lucha contra la inflación se había convertido en el eje central de la política económica francesa. En ese contexto, en Francia, se decide poner fin a la reglamentación de precios que se había practicado desde el final de la Segunda Guerra Mundial.

Se aprueba entonces el Decreto de 1/12/1986 sobre la competencia y la libertad de precios, el cual es aprovechado por la gran distribución para presionar desde múltiples perspectivas a sus proveedores, convirtiendo a la gran distribución en una aliada de la política antiinflacionaria de muchos gobiernos[39].

iv. La distribución electrónica: 1990 en adelante
La cuarta y última etapa de la clasificación de la evolución, desarrollo y transformación del sistema de distribución propuesta por Ducrocq[40] es la de los años 90, llamada «la distribución electrónica».

Después de ciento cincuenta años de evolución y, sobre todo, después de los últimos treinta años de cambios, cuando parecía que ya no quedaba nada por descubrir, la distribución presenta una nueva perspectiva renovadora.

Para Ducrocq, todo apuntaba a que los cambios en los treinta años siguientes a 1994 no serían inferiores a los de las tres últimas décadas, ya que la venta a distancia por medios electrónicos podría ser una vía de cambio. Definitivamente, los cambios que esta realidad han producido en el sistema de distribución son incalculables[41].

En Francia, las grandes cadenas de distribución suponían, en 1995, alrededor del 65 % de las ventas de productos agroalimentarios contra algo más del 33 % en 1970. El pequeño y medio comercio no alimentario resistió

---

[39] *Op. cit.* (*Guía País Francia*), *passim*.
[40] Ducrocq, Jamin y Lagrange: *op. cit.*, p. 42.
[41] Ídem.

mucho mejor la presión de los grandes: la gran distribución representaba el 14 % de las ventas en 1970 y en 1995 suponía el 37,6 %. El comercio tradicional que suponía el 57,2 % de total de ventas en 1970, tan solo había reducido su porcentaje hasta el 42,4 % en 1995[42].

A mediados de 1996 en Francia se aprueban dos importantes leyes:

La Ley relativa al desarrollo y promoción de comercio y del artesanado, Ley 96-603 del 5 de julio de 1996, conocida como Ley Raffarin, cuyo objetivo fue luchar contra el excesivo desarrollo de la gran distribución, proteger al pequeño comercio, defender el empleo y reequilibrar el comercio del centro de la ciudad y de la periferia.

La Ley 96-588, de 1.º de julio de 1996, sobre «la lealtad y el equilibrio de las relaciones comerciales», conocida como Ley Galland, la cual modificó la *Ordonnance Balladur* de 1986 con el objetivo de intentar reequilibrar el poder relativo de los fabricantes o proveedores y el de la gran distribución[43].

En la España de la década de los noventa, las nuevas tecnologías acercan aún más a los consumidores al mercado, provocando un aumento en el número de cierres de establecimientos tradicionales, así como la pérdida de su cuota de mercado[44].

Por consiguiente, todo este período de distribución masiva se ha caracterizado por un dualismo en el sistema de distribución comercial formado por:

> Un sistema basado en un comercio tradicional, constituido por numerosos pequeños establecimientos, con equipamientos comerciales anticuados

---

[42] *Op. cit.* (*Guía País Francia*), *passim*.
[43] Ídem.
[44] REBOLLO, Alfonso: «Situación y tendencias del sistema de distribución comercial en España. Un Análisis del entorno de la política de reforma de las estructuras comerciales. información comercial española». *Revista de Economía*. N.º 713. 1993, p. 10.

e ineficientes, que actúan de forma independiente, tienen bajo nivel de capacitación, estructura familiar del personal y dificultades financieras, por lo que este sistema se encuentra en una situación de difícil pervivencia, que se traduce en el progresivo cierre de este tipo de establecimientos y una drástica pérdida cuota de mercado; y por un sistema basado en la introducción de nuevas formas comerciales que operan con el sistema de autoservicio formado por grandes organizaciones comerciales que poseen un gran poder de compra, que están cada vez más concentradas, que utilizan constantemente las innovaciones de las técnicas de venta y de gestión y en general, que están preparadas para poder adaptarse a los cambios de las condiciones del entorno[45].

El siglo XX fue testigo de la profunda transformación operada en la economía y en el extraordinario crecimiento de las compañías mercantiles.

Ello, sumado a factores de competencia y lucha de predominio entre ellas, originó la revolución empresarial, en la búsqueda de un adecuado dimensionamiento para alcanzar mayor eficiencia, a través de diversas formas de vinculación entre las empresas[46].

Desde el año de 1990 el mundo empresarial inicia un acelerado camino en la búsqueda de la mayor utilidad al menor costo, imponiéndose básicamente un sistema de trabajo cada vez más flexible y de operaciones transitorias, con lo cual surge el contrato de distribución como un mecanismo para regular la comercialización de bienes y servicios, permitiendo ampliar el alcance de los negocios del productor, excluyendo los costos de comercialización de su estructura empresarial y permitiendo concentrar las inversiones de capital en su actividad principal: la productiva, obteniendo mayores beneficios con menos riesgos.

---

[45] REBOLLO: *op. cit.*, p. 10.
[46] ZALDÍVAR, Enrique; MANOVIL, Rafael y RAGAZZI, Guillermo: *Contratos de colaboración empresaria*. Abeledo Perrot. Buenos Aires. 1986, p. 13.

3. La distribución comercial en Venezuela

En Venezuela, el desarrollo de la distribución fue un poco más demorado que en España y Francia, pero sin dudas su evolución se debe principalmente a la influencia europea de los años cincuenta.

La evolución de la distribución en Venezuela está íntimamente ligada a la evolución de los canales de distribución[47] en el ámbito privado y público, evolución que ha venido acompañada con el nacimiento y actualización, de su escasa legislación, y afectada (positiva o negativamente) por las políticas económicas del gobierno de turno.

Es por ello que la distribución comercial en Venezuela debe ser estudiada en las siguientes grandes etapas: i. De pequeños locales independientes a cadenas organizadas; ii. La política comercial venezolana del período 1990-1995; iii. Expropiaciones y controles: 1999-2013; iv. Desabastecimiento e hiperinflación: 2013 en adelante.

3.1. *De pequeños locales independientes a cadenas organizadas*

La comercialización de alimentos en Venezuela se realizó por muchos años en pequeñas bodegas conocidas como «abastos», propiedad en su gran mayoría por inmigrantes portugueses, que entre 1945 y 1970, llegaron a Venezuela en búsqueda de oportunidades dejando atrás una Europa devastada por la Segunda Guerra Mundial.

---

[47] Sin pretender profundizar anticipadamente sobre el concepto de canal de distribución, el cual será analizado más adelante, vale la pena indicar que el mismo hace referencia al «conducto, vía o camino por el que transcurren los productos desde el productor hasta el destinatario; al circuito a través del cual se establece la relación entre producción y mercado-meta, con el propósito de poner los productos a disposición de los destinatarios mediante la articulación de los distintos flujos de distribución», Vásquez y Trespalacios: *op. cit.*, p. 32.

Con el pasar del tiempo, los abastos se fueron sustituyendo por supermercados independientes, para luego migrar a modelos más organizados de grandes cadenas de supermercados, tales como Luvebras[48], Excelsior Gama[49], Central Madeirense[50], entre otros.

[48] «Con gran esfuerzo y entusiasmo el señor Joao Sidonio Ferreira y su esposa, la señora Neves pisaron tierras venezolanas, huyendo de la postguerra europea un 17 de enero de 1948. Y fue en este país donde establecieron sus raíces. Venían de Madeira, Cámara de Lobos, con su herencia muy valiosa: Un gran amor hacia el trabajo y la integridad de sus valores familiares: Respeto, honestidad, responsabilidad. Cuando llegaron a Venezuela establecieron dos tiendas 'Todobarato' en Sabana Grande y El Paraíso, su trabajo diario, unido a la familiaridad y al calor de su raíz lusitana los acercó a la comunidad, ganándose la confianza y el cariño de sus vecinos. Para 1965, el señor Joao tomó la decisión de vender sus tiendas 'Todobarato' y se enrumbó hacia Brasil. Allí se dedicó al negocio de la construcción realizando muchas obras. Transcurrieron cinco años y en 1970 regresó a Venezuela, pero nunca olvidó su afecto por estas tierras. Allá levantó una gran obra, que todavía en el presente honra su productiva estadía en este país. Fue hace más de 35 años, cuando el sueño del señor Joao y de su familia comenzó a florecer, en aquel terreno recién adquirido de la Urbanización El Marqués, con la construcción del Conjunto Comercial Luvebras. Allí abrió su primer gran Automercado», http://www.luvebras.com.ve.

[49] «En 1953 Manuel da Gama, de solo 18 años, con una educación primaria, con el oficio de panadero y sin conocimiento del idioma, deja atrás la pobreza de la postguerra en su natal Caniço, en la isla de Madeira, Portugal (…) llega así a Caracas para trabajar en una pequeña bodega 'El Carmen', en El Valle (…) Luego trabajó (…) en un pequeño abasto en el Barrio Bruzual del Valle y en el abasto Santa Clara (…) en Propatria. Dos años más tarde (…) Don Manuel logra comprar su primer negocio junto a su primo José Nóbrega Chícharo: la carnicería 'Triana' en San Agustín. Este negocio es vendido un mes después…». En 1969, abre el primer Excelsior Gama, que cuenta hoy con 24 sucursales en la Gran Caracas, con más de tres mil trabajadores. En 1998 lanzaron su primera línea de marca propia, que hoy cuenta con más de 100 productos en las categorías de salsas, aderezos, helados, panes, enlatados, preparados, limpieza, cuidado de ropa, etc.», http://excelsiorgama.com.

[50] «Manuel y Agostinho De Sousa Macedo, Manuel Mendes De Sousa y Manuel Da Corte De Abreu, llegaron en 1946, en el mismo barco al puerto de La Guaira, con un capital de 10 mil bolívares para arrancar su primer negocio. Iniciaron sus actividades en Venezuela con pequeños abastos que atendían a la clientela del lugar, bajo la denominación comercial de Sociedad Mercantil Macedo, Da Corte & Co. Por exigencias del mercado, el 11 de noviembre de 1949 este grupo cambió su denominación a Central Madeirense, C. A.», http://www.centralmadeirense.com.ve.

Inicialmente la comercialización de medicamentos se realizaba en pequeñas farmacias locales, las cuales evolucionaron a grandes cadenas nacionales, igual situación ocurrió con las ferreterías.

Con dicha evolución de la actividad comercial, la distribución se volvió más organizada y eficiente. En muchos casos las recepciones de los productos se tornaron centralizadas.

3.2. *La política comercial venezolana del período 1990-1995*

La política comercial venezolana del período 1990-1995 se desarrolló con base en los lineamientos plasmados en el Decreto N.º 239 del 30 de mayo de 1989, mediante el cual se dictaron las Normas para la Política Comercial de Venezuela[51], que, entre otras cosas, acordó: la reforma arancelaria, el diseño de la política integral de promoción de exportaciones y la incorporación de Venezuela al GATT (*General Agreement on Tariffs and Trade*, que en español significa Acuerdo General sobre Tarifas y Comercio).

Tales iniciativas generaron un incremento considerable en las importaciones de productos hacia Venezuela y, por consiguiente, una mayor utilización por parte de los fabricantes, de diversos mecanismos legales para asegurar la introducción de sus mercancías y la protección de sus derechos, dentro de los cuales se encuentran los contratos de distribución.

No obstante, con la implementación del modelo económico del presidente Hugo Chávez Frías, continuado por el presidente Nicolás Maduro, en Venezuela se disminuyó dramáticamente la importación, la producción, y las inversiones extranjeras, generándose una alteración entre la oferta y la demanda de bienes y servicios, impactando directamente a la actividad distributiva.

---

[51] *Gaceta Oficial de la República de Venezuela* N.º 34230, del 30 de mayo de 1989.

3.3. *Expropiaciones y controles: 1999-2013*

El gobierno del presidente Hugo Chávez se caracterizó por expropiar empresas, y en generar controles en la economía, tales como: control de cambio (limitando la libre convertibilidad de la moneda), control de precio (fijando arbitrariamente los precios de determinados productos), control de la movilización de productos básicos y materia prima por el territorio nacional (en donde la movilización debía ser aprobada por el Gobierno, quien emitía unas guías de movilización).

La consecuencia de la implementación del modelo económico del presidente Chávez fue el cierre de empresas, disminución de la inversión extranjera, y distorsión entre la oferta y la demanda, cuyos efectos fueron devastadores en la distribución de bienes y servicios.

A partir del año 2003, el Gobierno emprendió una serie de acciones tendientes a «garantizar la seguridad alimentaria del pueblo venezolano», entre las cuales resalta la constitución de distintas redes de distribución de alimentos, las cuales fracasaron al poco tiempo. Algunos ejemplos:

La Productora y Distribuidora Venezolana de Alimentos (PDVAL) creada con el objetivo de garantizar el abastecimiento de los alimentos, como filial de PDVSA[52].

---

[52] La inauguración del primer PDVALito Comunal se realizó el 23 de enero de 2008 en la parroquia 23 de Enero. El 27 de julio de 2010 PDVAL es adscrita al Ministerio del Poder Popular para la Alimentación, según *Gaceta Oficial de la República Bolivariana de Venezuela* N.º 39474, mediante el Decreto 7540. http://www.pdval.gob.ve/portal/nosotros.php.

La Corporación de Abastecimiento y Servicios Agrícolas La CASA S. A.[53] dedicada a la comercialización y suministro de productos alimenticios de la cesta básica, insumos, bienes de producción y servicios de las cadenas agroproductivas y agroalimentarias, adscrita al Ministerio del Poder Popular para la Alimentación[54].

La empresa Mercados de Alimentos Mercal, C.A. (Mercal) fue creada mediante decisión del presidente Hugo Chávez en Consejo de Ministros de 2003[55]. El 22 de abril de 2003, Mercal inicia sus actividades con la inauguración de un Mercal Tipo I realizada en el sector Ruiz Pineda de la Parroquia Caricuao[56].

3.4. *Desabastecimiento e hiperinflación: 2013 en adelante*

El período del presidente Maduro se caracterizó por implementar mayores controles en la producción, distribución y comercialización de productos, heredando los efectos causados por las medidas del modelo económico del presidente Chávez.

Un ejemplo de los controles creados fue la constitución de los Comités Locales de Abastecimiento y Producción (CLAP), entes responsable de «la garantía (…) de la correcta distribución y comercialización de alimentos y productos de primera necesidad»[57].

---

[53] Fue creada con capital del Banco Industrial de Venezuela C.A. y la Sociedad Financiera Industrial de Venezuela C.A. y se constituye legalmente el día 2 de agosto de 1989, está adscrita al Ministerio del Poder Popular para la Alimentación: http://www.casa.gob.ve/site/index.php.

[54] Ídem.

[55] Vid. http://www.mercal.gob.ve/web/index.php?option=com_content&task=view&id=7&Itemid=.

[56] Ídem.

[57] Artículo 2 del Decreto de Estado de Excepción y de Emergencia Económica, *Gaceta Oficial de la República Bolivariana de Venezuela* N.° 6227 extraordinario, del 13 de mayo de 2016.

Mediante el Decreto N.º 2367, creó la Gran Misión de Abastecimiento Soberano, debido a «situaciones de índole económico y político que han ocasionado una distorsión en los mecanismos y niveles de abastecimiento de ciertos productos estratégicos para la satisfacción de las necesidades elementales del pueblo venezolano»[58].

Según el referido Decreto, la Gran Misión Abastecimiento Soberano tendría como objetivos:

> Mejorar la eficiencia en la implementación de la política pública nacional referida al sistema agroproductivo e industrial nacional y de distribución de alimentos, fármacos y demás rubros (…) favorecer la transformación del modelo productivo y distributivo de alimentos, sus materias primas e insumos, así como de los productos, materias primas e insumos del sector agroproductivo e industrial nacional agroalimentario, de producción y distribución de fármacos y de la industria de productos para la higiene personal y aseo del hogar (artículo 2).

De acuerdo con dicho Decreto, la Gran Misión Abastecimiento Soberano sería abordada desde «siete grandes vértices para la construcción de un sistema económico sustentable y virtuoso. A saber: 1. Atención de la Producción Eficiente y Sostenible. 2. Logística Oportuna. 3. Construcción y Consolidación de un Nuevo Sistema de Distribución y Comercialización. 4. Conformación de un nuevo Sistema de Determinación de Costos, Rendimientos y Precios Justos. 5. Consolidación de todas las Formas de Organización y Atención Integral de los Actores que Intervienen en los Procesos Productivos. 6. Seguridad, Defensa y Desarrollo Integral de la Patria. 7. Impulso de la investigación y desarrollo aplicado a los procesos productivos vinculados a los distintos Motores contemplados en este Decreto, y a la sustitución de importaciones» (artículo 3).

---

[58] Considerando del Decreto N.º 2367, *Gaceta Oficial de la República Bolivariana de Venezuela* N.º 40941, del 11 de julio de 2016.

En el marco de la «Construcción y Consolidación de un Nuevo Sistema de Distribución y Comercialización», la Jefatura del Comando para Abastecimiento Soberano, dictó una Resolución[59], en donde se obligó a las empresas dedicadas a la producción de insumos o bienes de los sectores agroalimentario, de higiene personal y aseo del hogar, a vender hasta un 50 % de su producción, a los entes públicos.

En dicha Resolución se estableció en el artículo 2, que: «Las empresas públicas y privadas dedicadas a la producción de insumos o bienes de los sectores agroalimentario, de higiene personal y aseo del hogar, están obligadas a vender hasta un 50 % de su producción, a los Entes Públicos que indique el responsable del Vértice Construcción y Consolidación de un Nuevo Sistema de Distribución y Comercialización de la Gran Misión de Abastecimiento Soberano, atendiendo a los requerimientos de rubros específicos en determinadas regiones del país».

Sin embargo, dichas acciones no dieron resultados, y el desabastecimiento y la escasez fueron empeorando progresivamente.

Durante el período presidencial de Maduro la actividad distributiva fue objeto de control y vigilancia, por considerar que estaría manejada por grupos que supuestamente participarían en la llamada «Guerra Económica» que, según él, buscarían desestabilizar la economía del país, mediante el acaparamiento y la usura, generando desabastecimiento en principales rubros.

---

[59] *Gaceta Oficial de la República Bolivariana de Venezuela* N.º 41005, del 7 de octubre de 2016, Resolución mediante la cual se establecen las Normas para regular los mecanismos, términos y condiciones de venta a empresas u otros entes públicos, de un determinado porcentaje del total de producción de una empresa pública o privada, o de un sector productivo, a los fines de estabilizar el abastecimiento oportuno a los Comités Locales de Abastecimiento y Producción (CLAP).

La distribución comercial fue catalogada como un intermediario innecesario que encarecía el producto y de ser un eslabón innecesario dentro de la cadena productiva.

No obstante, dicha posición oficial fue altamente criticada por sus adversarios, ya que la situación de desabastecimiento y escasez de varios productos no fue ocasionada por los distribuidores (al menos no por la mayoría, empresarios serios y de mucha trayectoria), tuvo su origen en múltiples causas, principalmente por:

a. Estricto control de precios
El Ejecutivo Nacional definió una lista de productos prioritarios cuyo precio sería fijado de manera directa; sin embargo, dichos precios no se actualizaban al mismo ritmo que los costos de producción, provocando la salida del mercado de varios productos.

Recordemos que la actividad comercial siempre tiene un fin económico lucrativo, pretender que las empresas privadas subsidien algunos productos (sin ningún tipo de incentivo al empresario por parte del Gobierno), resulta contrario a la finalidad naturalmente lucrativa de la actividad.

Así, se generó una importante disparidad entre la oferta y la demanda de bienes y servicios, dando nacimiento a la proliferación de revendedores que compraban los productos a precios controlados (cuando los conseguían), desapareciéndolos de los anaqueles, y revendiéndolos a altos precios, a pesar de controles instaurados por el Gobierno directamente en los puntos de ventas (principalmente en las grandes cadenas), tales como: ventas por terminal de cédula, control biométrico por la huella, entre otros (controles que al poco tiempo se dejaron de aplicar por no dar los resultados esperados, y por carecer de la tecnología necesaria).

b. Disminución de la producción
La disminución (y en algunos casos, paralización) de la producción se presentó principalmente, debido a la falta de materia prima importada, cuya obtención era compleja, debido a la disminución de divisas oficiales otorgadas a las empresas por parte del control de cambio instaurado desde la época del presidente Chávez y que estuvo vigente durante el Gobierno del presidente Maduro.

c. Límite al margen de ganancia
El Decreto con rango, valor y fuerza de Ley Orgánica de Precios Justos, fijó a 30 % el límite máximo al margen de ganancia, y estableció los parámetros para le determinación de los precios según la estructura de costos del bien.

El modelo económico, instaurado primero por el presidente Chávez, y luego por el presidente Maduro, generó un retroceso en términos comerciales, caracterizado por el cierre de empresas, caída de la inversión extranjera, sanciones internacionales, disminución de las importaciones, y cada vez menos producción nacional; situación que se evidencia de un simple análisis a los siguientes indicadores:

d. Producto Interno Bruto decreciente
Según el Fondo Monetario Internacional, desde 2014 la economía venezolana decreció, impulsando un crecimiento negativo del Producto Interno Bruto (PIB): 2014: -4 %; 2015: -5,7 %; 2016: -10 %; 2017: -12 %.

e. Creación de dinero
En el año 2017, el Banco Central de Venezuela creó 736 % más dinero que en el 2016, para que el Gobierno cubriera sus gastos, con lo cual se contó con más bolívares circulando y menos oferta de bienes, debido a la caída de importaciones y producción nacional.

f. Disminución del parque industrial

Según un estudio realizado por Coindustria, el parque industrial venezolano cayó en 68,51 % desde 1999, cuando en el país había 12.700 empresas industriales. De acuerdo con el referido estudio, para 2017 quedaban solo 4000 empresas industriales, que trabajaron al 36 % de su capacidad, proyectando el cierre de 1018 empresas productoras durante el año 2018.

g. Caída de las importaciones

Las importaciones cayeron durante el 2017, siendo el mes de septiembre la peor contracción interanual de las compras externas de Venezuela, ya que, según la firma Torino Capital, durante dicho mes las importaciones cayeron en 45,4 % en comparación con septiembre de 2016.

h. De inflación a hiperinflación

De esta manera, Venezuela tendría dinero circulando, pero menos oferta de bienes y servicios. La inflación se comportó de la siguiente manera:

> 2015: 180,9 % (fue la última cifra oficial publicada por el Banco Central de Venezuela, después de ese año el Gobierno no publicó cifras).
>
> 2016: 475,8 % (según el Fondo Monetario Internacional).
>
> 2017: 2616 % (según la Asamblea Nacional).

A los fines de determinar si un país se encuentra en hiperinflación, existen tres criterios:

Según Philip CAGAN, autor del libro *La dinámica monetaria de la hiperinflación* (1956), se considera que un país está en hiperinflación si la inflación alcanza a 50 % mensual.

De acuerdo con la Asociación de Contadores Internacionales, un país estará en hiperinflación si registra inflación de 100 % durante 3 años consecutivos.

Mientras que para los autores Reinhart y Rogoff (2011), un país está en hiperinflación si alcanza una inflación de 500 % anual.

Independientemente del criterio que se elija, se puede concluir que en 2017 Venezuela entró en un proceso de hiperinflación, entendida como:

–Un tipo inusual de inflación que implica un aumento general de precios a niveles muy altos.

–El consumidor puede comprar menos productos con la misma cantidad de dinero.

–Las personas se empobrecen y la calidad de vida se deteriora.

–El dinero pierde su valor y, por ende, el cono monetario resulta insuficiente, ya que se necesitan más billetes para comprar, generando crisis respecto a la disponibilidad del dinero en efectivo.

Ante el complejo entorno, el presidente Nicolás Maduro acusó a los distribuidores de pretender boicotear a la economía, contribuir con el desabastecimiento, de acaparar para luego vender más caro, entre otras acusaciones. Así, podríamos afirmar que durante este Gobierno, la distribución comercial en Venezuela fue altamente controlada, la actividad se disminuyó, los pequeños distribuidores desaparecieron, y se formaron grupos de revendedores.

4. Evolución de la legislación en materia de contrato de distribución

El contrato de distribución en Venezuela no cuenta con una legislación expresa propia, pero se encuentra regulada de manera dispersa dentro del ordenamiento jurídico, especialmente en las leyes en materia de protección al consumidor y usuario, de competencia económica y control de precios.

Así, el 13 de enero de 1992, se publicó la Ley para Promover y Proteger el Ejercicio de la Libre Competencia[60] con el objetivo de promover y proteger el ejercicio de la libre competencia y la eficiencia en beneficio de los productores y consumidores, así como de prohibir las conductas y prácticas monopólicas, oligopólicas y demás medios que puedan impedir, restringir, falsear o limitar el goce de la libertad económica. Se trató de una importante regulación cuyos efectos en el contrato de distribución serán analizados más adelante.

Posteriormente, dicha Ley fue derogada por el Decreto con rango, valor y fuerza de Ley Antimonopolio[61]. Con la entrada en vigencia de esta nueva regulación, se mantuvieron las limitaciones y restricciones a la libre autonomía de la voluntad de las partes en el contrato de distribución.

Si bien en ninguna de dichas leyes se definió expresamente al contrato de distribución, el contrato de distribución exclusiva fue definido en la Resolución N.° SPPLC/036-95 del 28 de agosto de 1995[62], la cual en el parágrafo único del artículo 1, define al contrato de distribución exclusiva como: «... Los contratos o acuerdos celebrados entre un proveedor y un distribuidor en los que el proveedor se comprometa a suministrarle en exclusiva al distribuidor determinados productos para su reventa en un territorio determinado».

La Resolución N.° SPPLC/036-95 constituye un antes y un después en materia de contratos de distribución, ya que antes de dictarse, el contrato se regía por la libre autonomía de la voluntad de las partes.

---

[60] *Gaceta Oficial de la República de Venezuela* N.° 34880, 13 de enero de 1992.
[61] *Gaceta Oficial de la República Bolivariana de Venezuela* N.° 40549, del 26 de noviembre de 2014.
[62] *Gaceta Oficial de la República de Venezuela* N.° 35801, del 21 de septiembre de 1995.

Gracias a dicha resolución, por primera vez se concibe en la legislación venezolana un concepto del contrato de distribución en exclusiva, que da inicio a otras normas que surgieron posteriormente.

Por su parte, la regulación en materia de protección al consumidor y usuario en Venezuela inició el 15 de agosto de 1944, con la promulgación del Decreto Presidencial N.° 176, que crea la Comisión Nacional de Abastecimiento, cuya competencia era la de regular y controlar el transporte, alquileres y el comercio exterior, teniendo atribuciones para fijar precios al mayor y al detal en los artículos de primera necesidad. Esto debido a la ola especulativa que generó la escasez de productos durante la Segunda Guerra Mundial.

El 2 de agosto de 1947, se publicó la Ley Contra el Acaparamiento y la Especulación, instrumento legal que vino a determinar los delitos, las prácticas y tratos abusivos, la venta clandestina y traslado de mercancía con el objeto de elevar los precios y la venta condicionada.

El 5 de septiembre de 1974, se aprobó la Ley Antimonopolio y de Protección al Consumidor, con la cual se creó la Superintendencia de Protección al Consumidor, organismo adscrito al extinto Ministerio de Fomento.

El 24 de marzo de 1992, se decretó una nueva Ley de Protección al Consumidor, derogando las de 1947 y 1974, y dando nacimiento al Instituto para la Defensa y Educación del Consumidor (IDEC), teniendo entre sus principales objetivos la educación, información, organización, orientación y protección a los consumidores como derechos irrenunciables.

El 17 de mayo de 1995, se aprobó una reforma a dicha Ley, donde se incluyó la figura del usuario como ámbito de su competencia, con lo cual se modificó tanto el nombre de la Ley como del Instituto, pasando a llamarse Ley de Protección al Consumidor y al Usuario e Instituto para la Defensa y Educación del Consumidor y del Usuario (INDECU).

Asimismo, el 4 de mayo de 2004, se publicó la segunda reforma de la Ley, con el objetivo de adaptarla a los nuevos requerimientos de la Constitución Nacional.

El 24 de abril de 2009 se reformó la Ley para la Defensa de las Personas en el Acceso a los Bienes y Servicios, y el primero de febrero de 2010 se volvió a reformar.

No obstante, la Ley para la Defensa de las Personas en el Acceso a los Bienes y Servicios fue derogada con la promulgación del Decreto con rango, valor y fuera de Ley Orgánica de Precios Justos[63], la cual no reguló aspecto alguno relacionado con los derechos de los usuarios y consumidores, se enfocó en temas relacionados con el margen de ganancia y determinación de precios, y creó la Superintendencia Nacional para la Defensa de los Derechos Socioeconómicos (Sundde), como un órgano desconcentrado adscrito a la Vicepresidencia Económica del Gobierno.

La derogatoria del régimen legal de protección al consumidor y al usuario constituyó un indiscutible retroceso en la materia, que tampoco fue tomada en cuenta en la modificación parcial realizada mediante el Decreto con rango, valor y fuerza de Ley de Reforma Parcial Decreto con rango, valor y fuerza de Ley Orgánica de Precios Justos[64].

Posteriormente, en el marco de la Ley Habilitante otorgada al presidente de la República[65], se dictó el Decreto N.° 2092 con rango, valor y fuerza

---

[63] *Gaceta Oficial de la República Bolivariana de Venezuela* N.° 40340, del 23 de enero de 2014.
[64] *Gaceta Oficial de la República Bolivariana de Venezuela* N.° 6156 extraordinario, del 19 de noviembre de 2014.
[65] *Gaceta Oficial de la República Bolivariana de Venezuela* N.° 6178 extraordinario, del 15 de marzo de 2015.

de Ley Orgánica de Precios Justos, de fecha 8 de noviembre de 2015[66], en donde se establecieron algunas normas relacionadas con la protección al consumidor y al usuario, que tienen implicación directa en la distribución de bienes y servicios.

---

[66] Corregido por error material y reimpreso en la *Gaceta Oficial de la República Bolivariana de Venezuela* N.° 40787, del 12 de noviembre de 2015.

Capítulo II
Precisión terminológica

1. Aproximación al problema

El sistema de distribución comercial ha sido estudiado desde dos vertientes: la económica empresarial y la jurídica. La primera dedicada al estudio de la distribución como un hecho social y comercial, mientras que la segunda está enfocada al estudio de su regulación.

Para los autores españoles Casares y Rebollo, la distribución comercial como objeto de estudio constituye un acontecimiento relativamente novedoso en el marco de las ciencias económicas-empresariales, es más, a criterio de dichos autores, los estudiosos de la disciplina venían despreciando tradicionalmente este sector económico como objeto de estudio[67].

A pesar del interés económico, jurídico y social que genera el contrato de distribución dentro del comercio moderno, ha recibido una escasa atención en la doctrina venezolana, a diferencia de España, en donde el tema ha sido ampliamente tratado desde mediados de los años 80 cuando es publicado uno de los trabajos pioneros sobre la materia: *Las distintas formas de vinculación en los canales de distribución como instrumentos de coordinación y control del proceso de distribución* de José Miguel Múgica Grijalba.

El escaso análisis y desarrollo que sobre el tema de la distribución ha efectuado la doctrina patria, ciertos solapamientos y duplicidades de términos que se observan en las leyes que regulan la materia, pueden ocasionar

---

[67] Casares y Rebollo: *op. cit.*, p. 15.

confusión en la correcta utilización de la terminología asociada al fenómeno de la distribución comercial.

En aras de contribuir con el entendimiento del tema desde la perspectiva jurídica, a continuación se realizará una serie de precisiones terminológicas fundamentales que podrán ser tomadas en cuenta en futuras regulaciones.

Tradicionalmente, el contrato de distribución en Venezuela viene siendo regulado desde una doble vertiente: las normas de defensa de las personas en el acceso a bienes y servicios, y el derecho a la libre competencia, razón por la cual la presente precisión terminológica parte del análisis realizado a las normas relacionadas con cada una de dichas vertientes.

Así mismo, con el fin de facilitar el estudio del tema, la precisión terminológica se realizará en tres niveles: Términos particulares inherentes a la actividad distributiva; términos relacionados con el objeto de la distribución comercial, y términos relacionados con los sujetos que intervienen en dicho negocio jurídico.

2. Términos particulares inherentes a la actividad distributiva

Como todo negocio jurídico, la actividad distributiva cuenta con términos propios que la definen. Así, a continuación se definirán tres conceptos fundamentales para el correcto entendimiento de la materia, como lo son: distribución comercial, sistema de distribución comercial y canal de distribución.

2.1. *Distribución comercial*

Para los autores españoles Vásquez y Trespalacios, la «distribución comercial» (también simplemente «distribución» o «comercialización») «engloba el conjunto de actividades que son necesarias para situar los productos a disposición del destinatario en las condiciones de lugar, tiempo, forma, y cantidad deseada»[68].

Por su parte, el autor Santesmases define a la distribución comercial como la «función o instrumento del marketing que relaciona la producción con el consumo y cuya misión es poner el producto a disposición del consumidor en la cantidad demandada, en el momento en que lo necesite y en el lugar donde desee adquirirlo, desarrollando, además un conjunto de actividades como pueden ser las de información, promoción y presentación del producto en el punto de venta a fin de estimular la compra por parte de los consumidores»[69].

En este sentido, la distribución comercial, al encontrase entre la producción y el consumo, va a crear utilidades a los consumidores y servicios a los productores. Desde el punto de vista macroeconómico, la distribución permite, además, una mejor asignación de los recursos económicos al poder especializarse la producción por zonas geográficas, en función de los recursos naturales de las mismas y de la capacidad y formación de sus habitantes facilitando la distribución posteriormente que los excedentes puedan ser intercambiados entre zonas geográficas por otros productos que se necesitan y no se disponen[70].

Por lo tanto, la distribución comercial tiene la función económica de facilitar los intercambios de bienes y servicios reduciendo costos al poner en contacto la producción y el consumo, de tal forma que favorece el desarrollo industrial y satisface las necesidades de compra de la población.

---

[68] Vásquez y Trespalacios: *op. cit.*, pp. 28-33.
[69] Santesmases, Miguel: *Marketing. Conceptos y estrategias.* 4.ª, Ediciones Pirámide. Madrid. 1999, p. 509.
[70] Ibíd., pp. 509 y 510.

La distribución comercial es un sector de actividad muy importante dentro del conjunto del sistema económico de todos los países desarrollados. Las causas por las que hoy se considera a la distribución comercial como un sector específico dentro del sistema económico en su conjunto son la expansión de la producción y la correspondiente evolución seguida por los mercados a lo largo de este siglo[71].

La única definición legal expresa que de «actividad de distribución» se encuentra en el ordenamiento jurídico venezolano, es la consagrada en el artículo 32 de la Ley Orgánica de Seguridad y Soberanía Agroalimentaria[72], la cual define a las actividades de distribución, intercambio y comercialización de productos agroalimentarios, de la siguiente manera: «Se consideran actividades de intercambio, distribución y comercialización de productos agroalimentarios, las acciones y funciones facilitadoras del flujo de bienes, servicios y saberes, incluyendo el trueque, la compra, venta, pignoración, determinación de precios de productos e insumos para la alimentación y producción agrícola, así como el destino de los excedentes, formas válidas de equivalencias y acciones de comercialización en toda la cadena agroalimentaria y agroproductiva».

Por su parte, la Ley Orgánica del Sistema Económico Comunal[73] define en su artículo 6.8, a la «distribución» como: «Medio o medios necesarios para hacer llegar físicamente el producto (bien o servicio) a los consumidores y consumidoras».

Así mismo, la Resolución N.° SPPLC/036-95 del 28 de agosto de 1995, en el parágrafo único del artículo 1, consagra la única definición que de contrato de distribución ofrece la legislación venezolana.

---

[71] CASARES y REBOLLO: *op. cit.*, p. 21.
[72] *Gaceta Oficial de la República Bolivariana de Venezuela* N.° 5889 extraordinario, del 31 de julio de 2008.
[73] *Gaceta Oficial de la República Bolivariana de Venezuela* N.° 6011 extraordinario, del 21 de diciembre de 2010.

Si bien el tema será analizado más adelante, vale la pena destacar que dicha definición se circunscribe únicamente al contrato de distribución exclusiva, y su definición es la siguiente: «... Los contratos o acuerdos celebrados entre un proveedor y un distribuidor en los que el proveedor se comprometa a suministrarle en exclusiva al distribuidor determinados productos para su reventa en un territorio determinado».

No obstante, se hace referencia al término «actividad distributiva» en distintas leyes, tales como:

–La derogada Ley para la Defensa de las Personas en el Acceso a los Bienes y Servicios[74] en su artículo 6 en donde se declaraba de utilidad pública e interés social, todos los bienes necesarios para desarrollar las actividades de distribución de bienes y servicios; y en su artículo 7, el cual establecía que la actividad de distribución de alimentos o productos declarados de primera necesidad, era considerada como servicio público esencial.

–El artículo 4 del Decreto con rango, valor y fuerza de Ley de defensa popular contra el acaparamiento, la especulación, el boicot y cualquier otra conducta que afecte el consumo de los alimentos o productos sometidos a control de precios, el cual establece que la actividad distributiva es de utilidad pública y de interés social siempre y cuando estén destinados a la distribución y comercialización de alimentos o productos sometidos a control de precios, y el artículo 5 *eiusdem* el cual establece que la actividad distributiva sometida a control de precios, es considerada un servicio público esencial.

–El artículo 3 del Decreto con rango, valor y fuerza de Ley Orgánica de Seguridad y Soberanía Agroalimentaria, el cual indica que la actividad distributiva es de utilidad pública y de interés social, siempre y cuando esté destinada a la distribución y comercialización de alimentos.

---

[74] *Gaceta Oficial de la República Bolivariana de Venezuela* N.° 39358, del 1.° de febrero de 2010.

Se evidencia la existencia de un solapamiento de normativas que regulan a la actividad distributiva desde una misma perspectiva, pero con distintas consecuencias jurídicas y autoridades competentes para conocer sobre la materia.

Considerando la evidente compatibilidad que existe entre el concepto propuesto por los autores españoles Vásquez y Trespalacios, con el establecido en el ordenamiento jurídico venezolano, se recomienda la utilización del término «distribución» para definir al conjunto de actividades necesarias para situar los bienes o servicios a disposición del destinatario.

2.2. *Sistema de distribución comercial*

Ripol y Arévalo definen al «sistema de distribución comercial» como «el conjunto interdependiente de personas e instituciones que realizan las distintas funciones de distribución, y entre los que se establecen vínculos de distinto tipo»[75].

Las actividades que implican la distribución comercial son realizadas por distintos sujetos, quienes actúan como eslabones intermedios entre productores y consumidores, dando nacimiento a vínculos de diversas índoles, pero que juntos forman parte del sistema de distribución comercial.

De tal manera que un sistema de distribución comercial está compuesto por las actividades propias de la distribución (transporte, almacenamiento, acabado del producto, financiación, entre otros), los espacios en los que se realizan los intercambios, principalmente los establecimientos comerciales, los productos que son objeto del intercambio, y los canales como formas de organización de la distribución comercial[76].

---

[75] Citados en Casares y Rebollo: *op. cit.*, p. 28.
[76] Casares y Rebollo: *op. cit.*, p. 29.

2.3. *Canal de distribución*

Con el término «canal de distribución», así como con las expresiones «canal comercial», «canal de comercialización», se hace referencia al conductor, vía o camino por el que transcurren los productos desde el productor hasta el destinatario; al circuito a través del cual se establece la relación entre producción y mercado-meta, con el propósito de poner los productos a disposición de los destinatarios mediante la articulación de los distintos flujos de distribución[77].

Los canales de distribución pueden definirse como el conjunto de agentes económicos, instituciones y espacios a través de los cuales circulan los bienes y servicios hasta el consumidor o usuario[78].

Casares y Rebollo, son del criterio de que el factor delimitador de los canales de distribución viene dado por el objeto de la actividad distributiva, es decir, por el producto; con lo cual los canales se configuran en torno a la comercialización de un inventario de productos especificado en función de las necesidades y hábitos de los destinatarios[79].

3. Términos relacionados con el objeto de la distribución comercial

El término «producto» es el eje objetivo de un determinado canal de distribución comercial y la doctrina extranjera lo emplea como aglutinante de los términos «bien» y «servicio», descartándose el empleo del término «mercancías», el cual viene tradicionalmente ligado al concepto de «bien» no incluyendo los «servicios».

---

[77] Vásquez y Trespalacios: *op. cit.*, p. 32.
[78] Casares y Rebollo: *op. cit.*, p. 32.
[79] Ibíd., p. 103.

Tal aglutinación obedece a que la producción de bienes y la prestación de servicios plantean idénticos problemas, afirmación que se ratifica con la presencia de los denominados «productos mixtos», los cuales presentan un componente de «bien» y un componente de «servicio»[80].

Sin embargo, en Venezuela no existe unanimidad en cuanto a la utilización de dicho criterio. Tal y como se explicará a continuación, las leyes que regulan la materia han empleado los términos «producto», «bien» y «servicio», de distintas maneras.

El Decreto con rango, valor y fuerza de Ley Orgánica de Precios Justos no define «producto». La derogada Ley para la Defensa de las Personas en el Acceso a los Bienes y Servicios tampoco lo definió expresamente; sin embargo, en su articulado se podía evidenciar las siguientes formas de utilización del término:

–Utilización de forma individualizada de los términos «bien» y «servicio». En la gran mayoría del articulado de la ley (incluyendo el nombre que se le dio al instrumento legislativo: «Ley para la Defensa de las Personas en el Acceso a los Bienes y Servicios»).

–Utilización de los términos «bienes» y «productos» separados por la letra «o», así como de los términos «servicios» y «productos» también separados por la referida letra. Según el *Diccionario de la lengua española*[81], la letra «o» es una conjunción disyuntiva, por cuanto denota diferencia, separación o alternativa entre dos o más personas, cosas o ideas. Con lo cual debería entenderse que de acuerdo con la derogada Ley para la Defensa de las Personas en el Acceso a los Bienes y Servicios, los términos «bien», «servicio» y «producto» eran distintos. Tal situación ocurría en los artículos 4, 12, 16, 17, 41, 58 y 73 de la referida Ley.

---

[80] Ídem.
[81] *Diccionario de la lengua española*. 22.ª, Edición. Real Academia Española. Madrid.

–Utilización del término «producto», para referirse a «cosas consumibles»; y del término «bienes» para «cosas inconsumibles». De la interpretación que se efectúa a los artículos 69 y 88 *eiusdem*, podría concluirse que el carácter diferenciador entre los términos «producto» y «bienes» radicaba en la consumibilidad de la cosa; entendiéndose por cosas consumibles, aquellas cuyo uso normal no permite utilizarlas repetidas veces porque su primer uso normal, las afecta de tal manera que no pueden volver a ser empleadas para el mismo fin, al menos, por parte de la misma persona; y por cosas inconsumibles, aquellas cuyo uso normal permite utilizarlas a ese fin durante un período relativamente largo[82].

Situación distinta ocurrió con el también derogado Decreto con rango, valor y fuerza de Ley de Costos y Precios Justos[83], en donde el legislador prefirió utilizar como sinónimos los términos «bien» y «producto».

Así, en los artículos 4, 31, 44, 45 y 60 del referido Decreto, se podía evidenciar la utilización del término «producto», mientras que, por ejemplo, en los artículos 1, 2, 3 y 4, se hacía referencia al término «bien»; en ambos casos la utilización de los términos «producto» y «bien» era para hacer referencia al eje objetivo de un determinado canal de distribución, es decir, al objeto de la actividad distributiva.

La también derogada Ley para Promover y Proteger el Ejercicio de la Libre Competencia tampoco definió el término «producto» y, al igual que en la derogada Ley para la Defensa de las Personas en el Acceso a los Bienes y Servicios, el legislador no utilizó el término para aglomerar los conceptos de «bien» y «servicio», tal y como se puede evidenciar de los artículos 6, 13, 16 y 17.

---

[82] Aguilar Gorrondona, José Luis: *Cosas, bienes y derechos reales. Derecho Civil II*. 6.ª, UCAB. Caracas. 2001, pp. 27 y 28.
[83] *Gaceta Oficial de la República Bolivariana de Venezuela* N.º 39715, del 18 de julio de 2011.

El Decreto con rango, valor y fuerza de Ley Antimonopolio tampoco definió el término «producto», y utiliza de manera diferenciada los términos «bien» y «servicio», ejemplo de ello son los artículos 6, 10, 11, 16, 17 y 18.

En este sentido, se recomienda la utilización del término «producto» para referirse al objetivo de un determinado canal de distribución, y como término que aglutina «bien» y «servicio», sin perjuicio de que puedan ser utilizados cuando haga falta hacer alguna mención particular como género diferenciado de la especie «producto».

4. Términos relacionados con los sujetos que intervienen en la actividad distributiva

En el sistema de distribución comercial interviene un conjunto determinado de personas entre los cuales se establecen vínculos de todo tipo[84], formando relaciones triangulares compuestas por sujetos que desarrollan actividades necesarias para elaborar el producto y llevarlo hasta el punto de utilización por los destinatarios[85].

A continuación se analizarán los términos que se utilizarán para identificar a cada uno de los sujetos que intervienen en el sistema de distribución comercial.

4.1. *Productor-fabricante-proveedor*

Antes de iniciar la precisión terminológica respecto al productor, fabricante o proveedor, es importante precisar en cuanto a la polémica existente en la doctrina extranjera relacionada a si el productor debe ser considerado como sujeto partícipe en el canal de distribución.

---

[84] Casares y Rebollo: *op. cit.*, p. 33.
[85] Vásquez y Trespalacios: *op. cit.*, p. 40.

A criterio de los juristas españoles Vásquez y Trespalacios, la respuesta debe ser afirmativa, siempre y cuando este asuma alguna de las funciones de la distribución comercial, como, por ejemplo, el almacenamiento o el transporte. Es más, cuando este asume todas las funciones de la distribución comercial, no es que no exista distribución comercial, sino que nos encontramos en un canal de distribución directo[86].

En este sentido, con el término «productor» se designa al agente económico que constituye el primer nivel de un canal de distribución de un determinado producto, también conocido por los términos «fabricante», «proveedor», «suministrador», o «vendedor»[87].

Sin embargo, no se recomienda el empleo de los términos «suministrador» o «vendedor», ya que implica identificar a tales sujetos con una de las partes de los contratos de suministro o de compraventa, respectivamente, por las razones siguientes:

–A diferencia del caso de la compraventa, en el contrato de distribución el objeto de la relación contractual no siempre va a ser un bien, sino que puede tratarse de un servicio; de hecho, puede tratarse de un producto mixto, es decir, de un bien con un servicio.

–Aunque en la distribución subsiste el esquema básico del contrato de compraventa con finalidad de reventa como cauce jurídico para canalizar las relaciones entre el productor y el distribuidor, en el contrato de distribución, se crea un vínculo estable y duradero entre transmitente y adquirente del que dimanen otros derechos y obligaciones distintos del simple intercambio de cosa y precio.

---

[86] Vásquez y Trespalacios: *op. cit.*, pp. 32 y 33.
[87] Comisión de la Comunidad Europea: *Libro verde sobre las restricciones verticales en la política de competencia comunitaria*. N.° 14. 1997, p 5.

En la distribución, el productor no puede ser confundido con el vendedor de la cosa ajena, debido a que en el contrato de distribución, el distribuidor adquiere el producto del productor o fabricante[88], con lo cual ocurre la transferencia de la propiedad a favor del distribuidor de dicho producto, quien procederá a venderlo en el mercado, transfiriendo válidamente su propiedad a terceros; en la venta de la cosa ajena, el vendedor no cumple con su obligación de transmitir la propiedad, ya que no la tiene porque el objeto de la venta es una cosa cuya propiedad le pertenece a otra persona.

Tampoco se recomienda la utilización del término «comitente», ya que se haría referencia a una de las partes del contrato de comisión. Sin perjuicio del análisis que se efectuará más adelante sobre las semejanzas y diferencias entre el contrato de distribución y el de comisión, resulta oportuno indicar que la principal distinción entre ambas instituciones está relacionada con su temporalidad.

El contrato de distribución se caracteriza por ser un contrato de duración[89], ya que está destinado a perdurar por un período de tiempo; mientras que la temporalidad en el contrato de comisión se caracteriza por ser esporádica y no por perdurar en el tiempo, ya que es especifico, refiriéndose a un acto u operación de comercio.

Por otro lado, la derogada Ley para la Defensa de las Personas en el Acceso a los Bienes y Servicios establecía definiciones distintas para los términos «productor», «fabricante», y «proveedor». Así, el artículo 4 *eiusdem* los definía de la siguiente manera:

–Productor o Productora: «las personas naturales o jurídicas, que extraen, industrialicen o transformen materia prima, bienes intermedios o finales»;

---

[88] MARZORATI, Osvaldo: *Derecho de los negocios internacionales*. Editorial Astrea. Buenos Aires, p. 393.
[89] FARINA: *op. cit.* (*Contratos comerciales...*), p. 407.

–Fabricante: «toda persona natural o jurídica, de carácter público o privado, que produzca, extraiga, industrialice y transforme bienes, destinados o no, a la cadena de distribución, producción y consumo».

–Proveedora o Proveedor: «toda persona natural o jurídica, de carácter público o privado, que desarrolle actividades en la cadena de distribución, producción y consumo, sean estos importadora o importador, productoras o productores, fabricantes, distribuidoras o distribuidores, comercializadoras o comercializadores, mayoristas o detallistas de bienes o prestadora o prestador de servicios».

El también derogado Decreto con rango, valor y fuerza de Ley de Costos y Precios Justos no definió expresamente al productor, fabricante ni al proveedor. Sin embargo, en el artículo 3 *eiusdem* se estableció que: «se tendrán como sujetos del presente Decreto con rango, valor y fuerza de Ley las personas naturales y jurídicas de derecho público o privado, nacionales o extranjeras que, con ocasión del desempeño de sus actividades dentro del territorio nacional, produzcan, importen o comercialicen bienes, o presten servicios, por lo cual reciban una contraprestación pecuniaria que satisfaga su intercambio…».

De tal manera que el productor, fabricante y el proveedor se tendrían como sujetos del referido Decreto Ley.

En la derogada Ley para Promover y Proteger el Ejercicio de la Libre Competencia, no se definió expresamente al productor, fabricante ni al proveedor, pero en el artículo 1 se estableció lo siguiente: «Esta Ley tiene por objeto promover y proteger el ejercicio de la libre competencia y la eficiencia en beneficio de los productores y consumidores y prohibir las conductas y prácticas monopólicas y oligopólicas y demás medios que puedan impedir, restringir, falsear o limitar el goce de la libertad económica», mención eliminada en el Decreto con rango, valor y fuerza de Ley Antimonopolio.

De tal manera que se recomienda la utilización del término «productor» para identificar a la persona natural o jurídica que desea distribuir algún producto («bien» y/o «servicio»), por medio de un distribuidor, bien cuya materia prima no fue necesariamente extraída, industrializada o transformada por este.

Nótese que el concepto propuesto para la utilización del término «productor» resalta el carácter de «distribuido» del productor, para diferenciarlo de otros negocios jurídicos.

4.2. *Distribuidor-importador-comercializador-prestador de servicio*

Según los juristas Vásquez y Trespalacios, debe entenderse por «distribuidor» cualquier agente económico que asume activamente una o varias de las funciones de distribución comercial. Por otra parte, habría que distinguir entre distribuidor-productor y distribuidor-intermediario. En contraposición al primero, debe entenderse por «distribuidor-intermediario», cualquier agente económico que asume activamente una o varias de las funciones de la distribución comercial sin realizar transformaciones que modifiquen las características intrínsecas del producto distribuido[90].

En el artículo 4 de la derogada Ley para la Defensa de las Personas en el Acceso a los Bienes y Servicios, se definieron tales términos de la siguiente manera:

–Distribuidora o Distribuidor: «toda persona natural o jurídica, de carácter público o privado, que efectúe la distribución de uno o más bienes o productos, destinados o no, a la cadena de distribución, producción y consumo».

–Importadora o Importador: «toda persona natural o jurídica, de carácter público o privado, dedicada legalmente a la actividad de introducir en el

---

[90] Vásquez y Trespalacios: *op. cit.*, p. 33.

país o recibir del extranjero bienes o productos, artículos o géneros que estén destinados o no a la cadena de distribución, producción y consumo».

—Comercializadora o Comercializador o Prestadora o Prestador de Servicios: «toda persona natural o jurídica, de carácter público o privado, que efectúe la comercialización o prestación de servicios, de uno o más bienes o servicios destinados a las personas».

Por su parte, el también derogado Decreto con rango, valor y fuerza de Ley de Costos y Precios Justos no estableció una definición expresa a los términos «distribuidor», «importador», «comercializador» ni «prestador de servicios».

Si bien el Decreto con rango, valor y fuerza de Ley Antimonopolio, ni su Reglamento, ni la Resolución N.º SPPLC/036-95 del 28 de agosto de 1995, como tampoco la derogada Ley para Promover y Proteger el Ejercicio de la Libre Competencia, definen expresamente al distribuidor, importador ni al comercializador o prestador de servicios, indudablemente estos sujetos estarán sometidos a dicha Ley.

El Parágrafo Único del artículo 1.º de la Resolución N.º SPPLC/036-95, define al contrato de distribución exclusivo, como: «... Los contratos o acuerdos celebrados entre un proveedor y un distribuidor en los que el proveedor se comprometa a suministrarle en exclusiva al distribuidor determinados productos para su reventa en un territorio determinado». De dicha definición, es posible extraer que el distribuidor es aquel que le compra determinados productos a un proveedor para su reventa en un territorio determinado.

No se recomienda la utilización del término «comisionista», ya que se haría referencia a una de las partes del contrato de comisión. La principal diferencia entre el contrato de distribución y el de comisión está relacionada con su temporalidad, mientras el contrato de distribución, se caracteriza por ser un contrato de duración[91], el contrato de comisión se caracteriza por ser esporádico y no por perdurar en el tiempo, aspecto que se analizará más adelante.

De tal manera que se recomienda la utilización del término «distribuidor» para hacer referencia a la persona natural o jurídica que asume activamente una o varias de las funciones de la distribución comercial sin realizar transformaciones que modifiquen las características intrínsecas del producto distribuido, y como término que aglutina a los vocablos importador y comercializador o prestador de servicio.

Así mismo, se recomienda la utilización del término «importador» y «comercializador» o «prestador de servicios», como géneros de la especie «distribuidor», y a utilizarlos únicamente cuando corresponda hacer alguna indicación propia de cada género.

4.3. *Destinatario-consumidor-usuario*

Al igual que con el término «productor», existe en la doctrina una polémica en cuanto a si el destinatario debe ser considerado como sujeto partícipe en el canal de distribución. A diferencia del caso del productor, la solución no es tan sencilla.

Para Vásquez y Trespalacios, quienes apoyan la inclusión del destinatario en el concepto de distribuidor justifican tal calificación atendiendo al hecho de que este puede realizar, por serle trasladadas por el distribuidor o el intermediario, parte de las funciones propias de la distribución (transporte o almacenamiento, por ejemplo), y para quienes defienden su exclusión de dicho concepto, argumentan que, antes de ser sujeto partícipe del canal, el destinatario es el objetivo de toda la actividad distributiva[92].

---

[91] Farina: *op. cit.* (*Contratos comerciales…*), p. 407.
[92] Vásquez y Trespalacios: *op. cit.*, pp. 32 y 33.

Sin negar el hecho de que, efectivamente, funciones propias de la distribución comercial puedan ser asumidas por los destinatarios, parece que su exclusión del concepto de sujeto partícipe es la postura más correcta.

Con el término «destinatario» se designa al agente económico que forma parte del grupo al que va dirigida la actividad de distribución comercial, es decir, del grupo que constituye el objetivo del canal de distribución. Dicha terminología se prefiere, de una parte, a los términos «comprador», «comprador final», «último comprador» y, de otra parte, a los términos consumidor, tanto aisladamente como acompañada del calificativo «final».

No se recomienda la utilización del vocablo «comprador», porque el destinatario no siempre se va a relacionar con su contraparte en el marco de una relación contractual de compraventa, especialmente cuando el objeto de dicha relación sea un servicio.

En materia de protección al consumidor y usuario, la regulación relacionada con el término «destinatario», «consumidor» o «usuario», evolucionó conforme la ley fue modificada.

Así tenemos que, primeramente, el artículo 2 de la derogada Ley de Protección al Consumidor y al Usuario[93] establecía lo siguiente: «A los efectos de esta Ley, se consideran consumidores y usuarios a las personas naturales o jurídicas que, como destinatarios finales, adquieran, usen o disfruten, a título oneroso, bienes o servicios cualquiera sea la naturaleza pública o privada, individual o colectiva, de quienes los produzcan, expidan, faciliten, suministren, presten u ordenen. No tendrán el carácter de consumidores o usuarios quienes, sin ser destinatarios finales, adquieran, almacenen, usen o consuman bienes y servicios con el fin de integrarlos en procesos de producción, transformación y comercialización».

---

[93] *Gaceta Oficial de la República de Venezuela* N.° 4898 extraordinario, del 13 diciembre de 1995.

Posteriormente, se publicó la Ley de Protección al Consumidor y al Usuario[94], que derogó la Ley de Protección al Consumidor y al Usuario vigente desde 1995.

Si bien la definición de «usuario» no resultó alterada en la nueva redacción, en la definición de «consumidor» se excluyeron a las personas jurídicas, siendo entonces que únicamente serían consideradas como consumidoras aquellas personas naturales que «adquieran, utilicen o disfruten de bienes de cualquier naturaleza como destinatario final».

Posteriormente, la derogada Ley para la Defensa de las Personas en el Acceso a los Bienes y Servicios englobaba los términos «destinatario», «consumidor» y «usuario» bajo el vocablo «personas», y lo define en el artículo 4, de la siguiente manera: «Personas: Toda persona natural o jurídica, de carácter público o privado, organizada o no, que adquiera, utilice o disfrute bienes y servicios de cualquier naturaleza como destinatario final».

Por otro lado, la derogada Ley para Promover y Proteger el Ejercicio de la Libre Competencia no definió expresamente al destinatario, consumidor o usuario, pero en el artículo 1 se estableció lo siguiente: «Esta Ley tiene por objeto promover y proteger el ejercicio de la libre competencia y la eficiencia en beneficio de los productores y consumidores y prohibir las conductas y prácticas monopólicas y oligopólicas y demás medios que puedan impedir, restringir, falsear o limitar el goce de la libertad económica». El Decreto con rango, valor y fuerza de Ley Antimonopolio hace mención diferenciada a los términos «consumidor» y «usuario», tal y como se evidencia en sus artículos 6, 16, 17, 18 y 50.

En este sentido, se recomienda la utilización del término «destinatario» para hacer referencia a la persona natural o jurídica que forma parte del

---

[94] *Gaceta Oficial de la República Bolivariana de Venezuela* N.° 37930, del 4 de mayo de 2004.

grupo al que va dirigida la actividad de distribución comercial, es decir, del grupo que constituye el objetivo del canal de distribución, y como término que aglutina a los vocablos «consumidor» y «usuario». Los términos «consumidor» y «usuario» pueden utilizarse como géneros de la especie «destinatario», y cuando corresponda hacer alguna indicación propia de cada género.

Capítulo III
EL CONTRATO DE DISTRIBUCIÓN SEGÚN LA DOCTRINA MERCANTIL

1. APROXIMACIÓN AL CONCEPTO DE CONTRATO DE DISTRIBUCIÓN

El contrato como vehículo jurídico al servicio de la circulación de bienes y servicios es uno de los instrumentos más significativos y más antiguos del tráfico económico; de ahí la importancia que la contratación ha tenido en el derecho mercantil, configurado tradicionalmente en torno a la figura del comerciante en el ejercicio de su actividad profesional[95].

El profesor MORLES HERNÁNDEZ señala que «no existe una teoría general de las obligaciones y de los contratos mercantiles distinta a la contenida en el Código Civil y formulada con carácter general no solo para el Derecho privado, sino también para el Derecho público. Sobre todo, no existe un concepto de obligación y de contrato distinto al único formulado por el derecho civil»[96].

De tal manera que la relación entre la materia mercantil y la materia civil es la de ley especial con respecto a la ley general. Tal y como se indicará más adelante, el régimen jurídico de los contratos mercantiles se basa en el principio general y común de la autonomía de la voluntad de las partes proclamado por el Derecho civil.

---

[95] VÉRGEZ SÁNCHEZ, Mercedes: «El contrato mercantil». 4.ª, *Lecciones de Derecho Mercantil*. Vol. II. Navarra. Thomson Civitas. 2006, p. 561
[96] MORLES HERNÁNDEZ, Alfredo: *Curso de Derecho Mercantil. Los contratos mercantiles*. Tomo IV. UCAB. Caracas. 2004, p. 2197.

En la legislación mercantil no se cuenta con una reiteración formal y expresa del principio de la autonomía de la voluntad de las partes; en materia mercantil, la regla es que las disposiciones relativas a los contratos tienen carácter supletorio de la voluntad de las partes y que solo de modo excepcional una norma prescribe una conducta obligatoria o tiene carácter imperativo[97].

El artículo 1133 del Código Civil define al «contrato» como toda convención entre dos o más personas para constituir, reglar, transmitir, modificar o extinguir entre ellas un vínculo jurídico. Esta definición es considerada como la piedra angular no solo del Derecho civil, sino de todo el ordenamiento jurídico, principalmente del Derecho mercantil, el cual es fundamentalmente, un derecho contractual[98].

Tal y como lo ha expresado Pérez-Serrabona González, «el Derecho Mercantil es –y ha sido siempre– un derecho de contratos, un derecho contractual en evolución y cambio constante, que hace surgir, necesariamente, por las exigencias de cada momento y cada situación económica, nuevas figuras previstas o no por el ordenamiento jurídico»[99].

Si bien más adelante se analizará con mayor profundidad la definición legal del contrato de distribución en Venezuela, se adelanta que dicha figura jurídica no cuenta con una legislación especial propia, y que está regulada desde dos vertientes: i. por la legislación que regula la libre competencia, orientada principalmente al contrato de distribución exclusiva; ii. las normas de protección al consumidor y usuario.

---

[97] Morles Hernández: *op. cit.*, t. IV, p. 2202.
[98] Ibíd., p. 2211.
[99] Pérez-Serrabona González, José Luis: «Contratos atípicos en el ámbito mercantil», *Memoria del Congreso Internacional de Culturas y Sistemas Jurídicos Comparados* (Derecho Privado). Universidad Nacional Autónoma de México. 2005, p. 278.

Por otro lado, el vocablo «distribución» se ha empleado en la doctrina mercantil en dos sentidos:

> a. Distribución en sentido amplio, de carácter genérico, comprensivo de las diversas formas jurídicas mediante las cuales una persona o empresa, coloca en el mercado bienes o servicios que genera otra empresa (agencia, concesión, distribución, etc.), y b. Distribución en sentido estricto (o restringido), referido a un modo particular de vinculación entre la empresa productora y el sujeto que coloca los productos en el mercado (es decir, para hacer referencia únicamente al contrato de distribución)[100].

De tal manera que Farina propone emplear la expresión «canales de comercialización por terceros», en vez de «distribución en sentido amplio o genérico», para englobar a todo contrato suscrito entre una empresa productora (o mayorista) y otra empresa (o persona física no ligada por un contrato laboral), que implica una relación estable, a menudo exclusiva, e importa el compromiso de colaborar para que determinados bienes o servicios se vendan en el mercado nacional o internacional, directamente al público consumidor o bien a otras empresas[101].

Cuando se hace alusión al contrato de distribución en su sentido amplio, se enfatiza fundamentalmente en la actividad intermediadora[102], y en esta categoría se incluyen a los contratos de agencia, concesión, distribución propiamente dicha y a la franquicia[103].

La distribución en sentido amplio se refiere a los distintos modos de comercialización que recurre una empresa productora de bienes o servicios,

---

[100] Farina: *op. cit.* (*Contratos comerciales…*), pp. 404 y 405.
[101] Ibíd., p. 405.
[102] Molina, Carlos: «Contrato de distribución comercial: la cuestión indemnizatoria por ruptura intempestiva». *Revista de Responsabilidad Civil y Seguros*. Año III. N.º VI. Editorial La Ley. 2001, p. 75.
[103] Marzorati, Osvaldo y Molina, Carlos: *Contratos de distribución*. Editorial Heliasta. Buenos Aires. 2010, p. 165.

encomendando a otra persona o empresa que los coloque en el mercado, ya sea por medio de terceros, o vendiendo directamente a los consumidores el producto o servicio de la empresa productora, adoptando la forma de comercialización y, en su caso, utilizando tecnología, *know how*, patente y marcas de esta[104].

La doctrina coincide en agrupar a los contratos de agencia, concesión, distribución propiamente dicha y a la franquicia, bajo la categoría más general de los contratos de colaboración empresarial, esto es, aquellos que apuntan no tanto a los vínculos y finalidades asociativas, sino, más bien, predominantemente a esa denominada «distribución en sentido amplio», y los encuadra además en la moderna figura de los contratos conexos (conexados o coligados), que ofrecen importantes aplicaciones en materia de responsabilidad y, dentro de ella, la particularidad de su extensión a sujetos que no han sido partes directas en los contratos que se vinculan[105].

No obstante, el estudio de la comercialización por terceros (o distribución en sentido amplio) ha sido objeto de continuo debate en la doctrina, ya que se trata de una expresión de «indiscutible proyección genérica con la que se alude a aquellos intermediarios calificados e independientes que, utilizando técnicas contractuales de variada índole flexibles y eficientes que, por supuesto, deben guardar además adecuada correlación con la clase de actividad distributiva de que se trate, establecen y mantienen vínculos duraderos de colaboración bilateral con los empresarios, productores de los bienes o prestadores de los servicios destinados a colocarse en el mercado mediante la gestión a dichos intermediarios confiada»[106].

---

[104] Farina: *op. cit.* (*Contratos comerciales...*), p. 403.
[105] López: *op. cit.*, p. 14.
[106] Laudo Arbitral de fecha 1.º de diciembre de 2006 en el caso Concelular S. A. En Liquidación *vs.* Comcel S. A. Cámara de Comercio de Bogotá, Centro de Arbitraje y Conciliación.

Por otro lado, la doctrina define al contrato de distribución en sentido estricto, como un medio determinado, con características propias, que utiliza el productor (o mayorista) para colocar su mercadería en el mercado[107].

Sin embargo, a los efectos de evitar confusiones, cuando se haga referencia, a lo largo del presente trabajo a contrato de distribución, se deberá entenderlo en sentido estricto o restringido, salvo que se indique expresamente lo contrario.

2. Definición del contrato de distribución

A continuación, se procederá con el análisis detallado del concepto legal de «contrato de distribución», y de los conceptos propuestos por la doctrina, es decir, el contrato de distribución en sentido amplio, y en sentido estricto o también llamado por la doctrina como «contrato de distribución propiamente dicho».

2.1. *Definición legal de contrato de distribución*

Tal y como se mencionó anteriormente, el contrato de distribución en Venezuela no cuenta con una legislación expresa propia, pero está regulada de manera dispersa dentro del ordenamiento jurídico por los instrumentos que se indicarán a continuación.

Definición en materia de libre competencia
El derecho de la competencia es una rama del Derecho económico que regula y ordena los mercados sancionando las prácticas mercantiles anticompetitivas que atenten a la libre competencia y concurrencia, premisas básicas de las economías de mercado. Es una reglamentación específica que recae sobre ciertos comportamientos de los agentes económicos[108].

---

[107] Farina: *op. cit.* (*Contratos comerciales...*), p. 386.
[108] Witker, Jorge: *Derecho de la competencia en América, Canadá, Chile, Estados Unidos y México*. Fondo de Cultura Económica. Chile. 2000, p. 20.

Su finalidad es la consecución del interés general, ya que, «la libre competencia es un medio para organizar la vida económica en la forma más conveniente posible para la comunidad en general»[109].

El tratamiento dado por el derecho a la competencia a los contratos de distribución depende del momento histórico vivido por un país y de la línea política adoptada por la autoridad anticompetencia desleal y por las cortes[110].

En este sentido, el 13 de enero de 1992, se publicó la Ley para Promover y Proteger el Ejercicio de la Libre Competencia, que, según su artículo 1.º, tiene por objeto «promover y proteger el ejercicio de la libre competencia y la eficiencia en beneficio de los productores y consumidores y prohibir las conductas y prácticas monopólicas y oligopólicas y demás medios que puedan impedir, restringir, falsear o limitar el goce de la libertad económica».

Sin embargo, dicha Ley no definió expresamente al contrato de distribución.

Posteriormente a la promulgación de la Ley para Promover y Proteger el Ejercicio de la Libre Competencia, se dictó la Resolución N.º SPPLC/036-95 del 28 de agosto de 1995, la cual en el parágrafo único del artículo 1, definió al contrato de distribución exclusiva como: «… Los contratos o acuerdos celebrados entre un proveedor y un distribuidor en los que el proveedor se comprometa a suministrarle en exclusiva al distribuidor determinados productos para su reventa en un territorio determinado».

Tal y como se puede observar, la definición legal que se cuenta en materia de libre competencia está circunscrita únicamente al tipo de distribución exclusiva.

---

[109] Sánchez Calero, Fernando y Sánchez Calero-Guilarte, Juan: *Instituciones de Derecho Mercantil*. Aranzadi. Madrid. 2008, p. 117.

[110] Robertson, Robert: «*The Law of Vertical Restraints in Franchise Cases and Summary Adjudication*». Antitrust Law Journal. N.º 67. 1999, p. 202.

Vale la pena destacar que la jurisprudencia venezolana[111] ha indicado que los contratos de distribución exclusiva no se encuentran prohibidos, es decir, no se encuentran sancionados por la legislación que regula la promoción y protección de la libre competencia, ello por cuanto generan eficiencias económicas, aportan ventajas a los consumidores y contribuyen a mejorar la producción, comercialización y distribución de bienes y prestación de servicios, claro está, siempre que no establezca cláusulas que puedan afectar el mercado y restringir la libre competencia.

A lo largo del presente trabajo se analizarán las limitaciones que la normativa en materia de libre competencia tiene para los contratos de distribución.

Definición en materia de defensa de las personas en el acceso a bienes y servicios
La sociedad de consumo surge después de la Segunda Guerra Mundial, y se caracterizó por el dominio de productores, fabricantes y distribuidores, quienes por medio de agresivos mecanismos de propaganda, publicidad y mercadeo, obtienen persuadir a los consumidores para cada día comprar cada vez un mayor número de artículos.

Así, Alpízar, Brenes y López plantean que «los esquemas económicos clásicos propugnaban por una total ausencia de regulación del mercado. Las leyes de la oferta y la demanda eran, en teoría, quienes dictaban las reglas necesarias para tener un mercado efectivo y justo. Estas leyes estaban llamadas a evitar problemas de desabastecimiento, ineficiencia en la producción, injusticias en la fijación de precios y otros por el estilo. Cualquier interferencia del poder público en el mundo económico, se afirmaba, era creadora de graves desajustes en el sistema perjudiciales para todos. Las omnipotentes manos invisibles de la oferta y la

---

[111] Corte Segunda de lo Contencioso-Administrativo, sent. del 26-07-11, exp. N.º AP42-N-2004-001946.

demanda, eran capaces de crear el sistema perfecto de estabilidad social económica»[112].

En consecuencia, «... el derecho del consumidor surge, así en la medida en que se impone a los fabricantes e intermediarios respectivamente, la responsabilidad por la calidad de su producto y la transparencia (*disclosure*) de sus defectos al público y el Estado interviene para evitar que las cláusulas contractuales sean impuestas unilateralmente por los productores y vendedores a los adquirientes de bienes de consumo para uso propio»[113].

De hecho, a criterio de los precitados autores, es a partir de 1970, cuando se considera la importancia de tutelar jurídicamente a los consumidores, ya que se dan en los distintos Estados occidentales declaratorias para conseguir una adecuada defensa de los consumidores, y un hecho que ejemplifica la trascendencia que se le estaba otorgando al tema fue el mensaje que el presidente de los Estados Unidos, John F. Kennedy, dirigiera al Congreso de su país el 15 de marzo de 1962, el cual proclamó: «Ser consumidor, por definición nos incluye a todos. Somos el grupo económico más grande en el mercado, que afecta y es afectado por casi todas las decisiones económicas públicas y privadas (...) pero es el único grupo importante, cuyos puntos de vista a menudo no son escuchados»[114].

La legislación del consumidor es de carácter especial, destinada a restablecer en la sociedad de consumo la igualdad jurídica compensando la desigualdad económica; se trata de un derecho que pretende proteger la parte económicamente más débil dentro de una relación de consumo.

---

[112] ALPÍZAR, Ruth; BRENES, Rodrigo y LÓPEZ, Ana María: *La contratación desde la perspectiva del consumidor*. Investigaciones Jurídicas. San José, Costa Rica. 2005, p. 32.
[113] Ibíd., p. 34.
[114] Ibíd., p. 35.

En este sentido, la doctrina define el derecho del consumidor como «... el conjunto de leyes y reglamentos que protegen al consumidor, como destinatario final, garantizándole una información adecuada y asegurándole medios eficientes de defensa, que comprenden inclusive, la acción de las asociaciones y la movilización del Ministerio Público»[115].

No obstante, Alpízar, Brenes y López alertan que «... no se puede hablar en principio del Derecho del Consumidor como una rama jurídica en el sentido de separación de un tronco común del Derecho Civil, pues no todas las normas del Derecho del Consumidor provienen de un mismo sector del ordenamiento jurídico, sino que éstas cortan transversalmente todo el ordenamiento, desde la Constitución hasta los decretos, desde las sentencias hasta el contrato, de las normas escritas a las no escritas, todo el ordenamiento tiene que ver con el Derecho del Consumidor»[116].

Para de Castro y Bravo, el consumidor es en nuestros días el indefenso objetivo de una sociedad que le ha creado artificialmente los intereses y las necesidades más diversas y le ha obligado a enfrentarse a una multitud de prácticas comerciales agresivas y engañosas; concluye afirmando que «quien firma, cerrando los ojos, una cláusula leonina o abusiva, no lo hace en general por falta de diligencia, sino por necesidad»[117].

De esta manera, el derecho del consumidor va a reencontrarse con los postulados de la autonomía de la voluntad con el fin de devolver al consumidor su libertad de decisión y su condición de individuo inteligente, libre y apto para defender sus intereses.

---

[115] Ibíd., p. 39.
[116] Ibíd., p. 40.
[117] De Castro y Bravo, Federico: «Notas sobre las limitaciones intrínsecas de la autonomía de la voluntad. La defensa de la competencia. El orden público. La protección al consumidor». *Anuario de Derecho Civil*. Vol. IV. Madrid. 1982, p. 1077.

El derecho de los consumidores y usuarios se encuentra formalmente consagrado en la Constitución Nacional, en sus artículos 113, 114 y 117, al establecer que «el (...) Estado adoptará las medidas que fueren necesarias para evitar los efectos nocivos y restrictivos del monopolio, del abuso de la posición de dominio y de las demandas concentradas, teniendo como finalidad la protección del público consumidor, de los productores y productoras y el aseguramiento de condiciones efectivas de competencia en la economía» y que «todas las personas tendrán derecho a disponer de bienes y servicios de calidad, así como a una información adecuada y no engañosa sobre el contenido y características de los productos y servicios que consumen, a la libertad de elección y a un trato equitativo y digno. La ley establecerá los mecanismos necesarios para garantizar esos derechos, las normas de control de calidad y cantidad de bienes y servicios, los procedimientos de defensa del público consumidor, el resarcimiento de los daños ocasionados y las sanciones correspondientes por la violación de estos derechos».

Tradicionalmente, el derecho de los consumidores en Venezuela se manifestaba a través de disposiciones normativas de carácter prohibitivo e impositivo. El derecho de consumo limitaba la capacidad de autorregulación de los contratantes económicamente poderosos en los contratos de distribución como un mecanismo para la comercialización de bienes y servicios.

La derogada Ley para la Defensa de las Personas en el Acceso a los Bienes y Servicios no estableció expresamente un concepto de contrato de distribución; sin embargo, le establecía límites al libre desenvolvimiento del poder autoregulador que las partes podrían tener en este tipo de contrato, al regular a todos los involucrados en la cadena de distribución, producción y consumo, entiéndase a: la importadora o el importador, el almacenador, el transportista, la productora o productor, fabricante, distribuidora o distribuidor y comercializadora o comercializador, mayorista y detallista de bienes y servicios.

Sin embargo, luego de derogarse expresamente la Ley para la Defensa de las Personas en el Acceso a los Bienes y Servicios, no se reguló al contrato de distribución en normativas posteriores.

Por su parte, la Ley Orgánica de Seguridad y Soberanía Agroalimentaria define en su artículo 32 a las actividades de distribución, intercambio y comercialización de productos agroalimentarios, de la siguiente manera: «Se consideran actividades de intercambio, distribución y comercialización de productos agroalimentarios, las acciones y funciones facilitadoras del flujo de bienes, servicios y saberes, incluyendo el trueque, la compra, venta, pignoración, determinación de precios de productos e insumos para la alimentación y producción agrícola, así como el destino de los excedentes, formas válidas de equivalencias y acciones de comercialización en toda la cadena agroalimentaria y agroproductiva».

La referida Ley Orgánica de Seguridad y Soberanía Agroalimentaria no define expresamente al contrato de distribución, pero por lo menos define a su objeto, es decir, a la actividad distributiva, pero circunscrita a la distribución de productos agroalimentarios.

Definición en otras leyes
La Ley Orgánica del Sistema Económico Comunal (en lo sucesivo Losec) define en su artículo 6.8, a la distribución como «Medio o medios necesarios para hacer llegar físicamente el producto (bien o servicio) a los consumidores y consumidoras».

Si bien en la Losec tampoco se define expresamente al contrato de distribución, define a la actividad distributiva como objeto de dicho contrato.

Así mismo, en el artículo 2 de la Losec, también se hace referencia a la actividad distributiva, cuando se define al sistema económico comunal como «el conjunto de relaciones sociales de producción, distribución, intercambio y consumo de bienes y servicios, así como de saberes y conocimientos, desarrolladas por las instancias del Poder Popular, el Poder Público o por acuerdo entre ambos, a través de organizaciones socio-productivas bajo formas de propiedad social comunal».

Es importante destacar que la legislación relacionada con el Poder Popular limita a la actividad distributiva, limitaciones que serán analizadas más adelante.

2.2. *Definición en sentido amplio de contrato de distribución*

Para Bercovitz Rodríguez-Cano, por «contratos de distribución en sentido amplio» se debe entender a la categoría que comprende todos aquellos contratos que sirven precisamente para la distribución de los productos o servicios en el mercado, entendiéndose a la distribución como el proceso por el cual se ponen los distintos productos a disposición de los demandantes últimos o finales de la economía[118].

A criterio del jurista Bercovitz Rodríguez-Cano, se pone de relieve que, en su sentido amplio, el criterio delimitador de la categoría contractual no es jurídico, sino económico: «estos contratos se caracterizan por servir a la comercialización de productos o servicios dentro del mercado, en cualquier fase de esa comercialización: entre productores e intermediarios mayoristas, entre intermediarios mayoristas e intermediarios minoristas, entre intermediarios minoristas y demandantes finales»[119].

Por su parte, el autor español Farina indica que la expresión «contrato de distribución» se utiliza, en un sentido amplio, «para hacer referencia a un conjunto de relaciones, usuales en la actualidad, por las que el productor

---

[118] Bercovitz Rodríguez-Cano, Rodrigo: *Comentarios a la sentencia del Tribunal Supremo de 8 de noviembre de 1995*. Editorial CCJC. Madrid. 1996, p. 532.
[119] Ídem.

construye canales de comercialización por medio de terceros que actúan sin relación de dependencia».

Así mismo, para Farina, se trata de formas de colaboración empresarial que tienden a la comercialización de bienes y servicios mediante variadas técnicas de colocación de los productos y penetración de los mercados, quedando alcanzados por el término distribución (en sentido amplio o lato) los contratos de concesión, agencia, franquicia y distribución propiamente dicha»[120].

Siguiendo a Farina y a Bercovitz Rodríguez-Cano, Robledo e Iribas son del criterio de que en sentido amplio, «el contrato de distribución alude a un canal de comercialización a través de terceros, que aglutina modalidades diversas como la agencia, la concesión, la franquicia y el contrato de distribución propiamente dicho»[121].

En sentido amplio, Zavala Rodríguez define al contrato de distribución como una «forma de actuación de la empresa que, así como recurre a filiales o sucursales, viajantes, agentes, concesionarios y expedicionistas, también se sirve de otras empresas o personas en carácter de distribuidores para lograr que su producción en masa, llegue con más facilidad a distintos lugares y a los más diversos clientes»[122].

La amplitud de estas definiciones, dice Marzorati, permite incluir en ellas la variedad de modalidades que el contrato asume en la práctica[123], es decir, a los contratos de agencia, concesión, distribución propiamente dicha y a la franquicia[124].

---

[120] Farina: *op. cit.* (*Contratos comerciales...*), pp. 412 y 413.
[121] Robledo, Teresita e Iribas, Carmen: *El contrato de distribución*. Editorial La Ley. 2000, p 1348.
[122] Citado en Perrotta, Salvador y Couso, Juan C.: «Contrato de distribución en Contratos de empresas». *II Jornadas Rioplatenses de Derecho*, p. 173.
[123] Marzorati y Molina: *op. cit.*, p. 55.
[124] Ibíd., p. 165.

2.3. *Definición en sentido estricto del contrato de distribución*

El contrato de distribución, en un sentido estricto, ha sido definido por la doctrina argentina, como el acuerdo por el cual el productor o fabricante conviene el suministro de un bien final (producto determinado) al distribuidor, quien adquiere el producto para proceder a su colocación masiva por medio de su propia organización en una zona determinada; a cambio de ello, el distribuidor recibe del productor un porcentaje (puede ser un descuento) sobre el precio de venta del producto, sin perjuicio de las condiciones relativas a pedidos previos y formas de pago[125].

Es importante destacar que el objeto de la distribución puede ser tanto un bien como un servicio, con lo cual, del concepto anteriormente transcrito, deberá entenderse al término «producto» como el objetivo de un determinado canal de distribución, y como término que aglutina «bien» y «servicio».

En la misma línea, Vitolo define al contrato de distribución en sentido estricto como el «convenio de distribución comercial por el cual, generalmente, un productor o industrial concierta el suministro al distribuidor, de uno o más productos determinados, asumiendo este último, entre el plexo de sus obligaciones, la de su colocación en el mercado, actuando en su nombre e interés, dentro de las condiciones establecidas, y a través de su propia organización»[126].

Para Perrotta y Couso, el contrato de distribución en sentido estricto, es el «contrato por el cual el productor o fabricante conviene el suministro de un bien final al distribuidor, quien adquiere el producto para proceder a su colocación masiva por medio de su propia organización en una zona determinada, y a cambio de un porcentaje que puede consistir en un descuento sobre el precio de venta del producto»[127].

---

[125] Marzorati: *op. cit.* (*Derecho de los negocios…*), p. 393.
[126] Vitolo, Daniel: *Contratos comerciales*. Ad-Hoc. Buenos Aires. 1994, p. 621.
[127] Perrotta y Couso: *op. cit.*, p.173.

Al respecto, Farina indica que: «Debe hablarse de margen de reventa y no de remuneración, pues ésta significa un pago hecho por otro, en tanto que el beneficio del distribuidor resulta de su propia actividad, pues él adquiere la mercadería y debe abonar su precio sea cual fuere la suerte posterior en su reventa; de modo que su ganancia depende exclusivamente de su éxito en el mercado y de la diferencia que obtenga entre lo que debe pagar al proveedor y lo que cobre a sus clientes»[128].

Esta aclaratoria es importante, ya que el distribuidor debe asumir riesgos en su operación, recibirá un margen por la reventa y jamás una remuneración por las actividades que desempeña; de lo contrario, podría darse el caso de un distribuidor que pretenda alegar la existencia de una relación laboral, equiparando dicha remuneración al concepto de salario, lo cual, por supuesto, no es el objetivo del contrato de distribución.

3. Características del contrato de distribución en sentido amplio

Conforme lo señala Etcheverry[129], los contratos de distribución en su sentido amplio o genérico (o simplemente, «canales de comercialización por terceros»[130]), presentan las siguientes características:

> a. Existencia de dos empresas u organizaciones independientes; b. relación contractual bilateral; c. posibilidad de que la empresa productora celebre múltiples contratos de esta naturaleza; d. vínculo de cooperación (o colaboración); e. permanencia, y, f. finalidad (esto es, la colocación en el mercado por parte de una empresa de los bienes o servicios que produce la otra).

---

[128] Farina: *op. cit.* (*Contratos comerciales...*), p. 413.
[129] Etcheverry, Raúl: *Derecho comercial y económico. Contratos. Parte especial.* Buenos Aires. Editorial Astrea. 1995, p. 204.
[130] Farina: *op. cit.* (*Contratos comerciales...*), p. 405.

Siguiendo lo señalado por ETCHEVERRY, y considerando que dentro del concepto amplio de distribución se encuentra el de la distribución propiamente dicha, a continuación el análisis de cada una de las referidas características.

3.1. *Existencia de dos empresas u organizaciones independientes relacionadas mediante un contrato bilateral*

Al respecto, indica FARINA[131] que «la empresa productora, cuando procede a organizar su canal distributivo, sin crear una red de ventas directas, establece relaciones a dicho fin con otras empresas o comerciantes, mediante contratos que celebra con mayoristas o con minoristas (nunca con el público), logrando de tal manera que estos empresarios, aun permaneciendo como autónomos y actuando a riesgo propio, acepten acuerdos particulares que garanticen al productor (dentro de las pautas que éste impone) una salida fija para su producción. Esto permite al fabricante, concentrar su actividad en la producción, diagramando una mejor programación de las ventas y de las otras actividades relacionadas con la técnica comercial (*marketing*)».

Concluye FARINA indicando que existe una enorme variedad de tales acuerdos, que generalmente son *intuito persones*, pues ambas partes tienen en consideración, recíprocamente, la potencia económica, la seriedad, el prestigio y todas las demás circunstancias que las determinan a celebrar el contrato y las conducen a pactar cláusulas particulares[132].

3.2. *Vínculo de cooperación (o colaboración)*

Según explica FARINA[133], la noción de «colaboración» es amplia en el Derecho moderno, y nace de la necesidad de descentralización y complementa-

---

[131] FARINA: *op. cit.* (*Contratos comerciales...*), p. 406.
[132] Ibíd., p. 406.
[133] Ídem.

ción que tiene una empresa productora de bienes o servicios, para colocar sus productos en uno o más mercados, función esta última, que asume la empresa colaboradora.

La empresa colaboradora, por lo común, se encuentra subordinada económicamente respecto de la productora.

Sin embargo, tal y como lo señala ETCHEVERRY, es perfectamente posible que una empresa de mayor tamaño comercializa con su propia estructura de distribución, el producto complementario de otro productor menos experto, utilizando de manera óptima el propio sistema distributivo[134].

3.3. *Estabilidad o permanencia*

Afirma FARINA que todas las figuras contractuales que hacen vida dentro del concepto amplio o genérico de contratos de distribución tienen en común el hecho de que el acuerdo mismo está destinado a perdurar por un período de tiempo (determinado o indeterminado); es lo que se denomina un «contrato de duración»[135].

Indiscutiblemente, la estabilidad es una garantía en este tipo de contratos, para permitir que tanto el productor como el distribuidor puedan obtener las ventajas que cada uno ha estimado al suscribir el respectivo contrato.

3.4. *Sometimiento del distribuidor a las directivas del productor*

Usualmente, en los contratos de esta naturaleza, existen vínculos de menor o mayor dependencia del distribuidor, hacia el productor, especialmente en cuando a: libertad de pactar precios y cantidades, actuar en competencia, fijar una política propia de mercado y, por último, la limitación

---

[134] ETCHEVERRY: *op. cit.*, p. 204.
[135] FARINA: *op. cit.* (*Contratos comerciales...*), p. 407.

de actuar con signos distintivos propios y la de organizar su propio establecimiento[136].

Es importante destacar que un mal uso de esta característica suele ser uno de los principales alegatos para quienes afirman la existencia de solidaridad entre el productor y el distribuidor, respecto de los empleados de este último, discusión que suele ocurrir cuando se termina el contrato de distribución como consecuencia de una decisión de índole comercial y de política empresarial[137].

Se entiende por un mal uso del sometimiento del distribuidor a las directrices del productor, cuando el productor termina decidiendo sobre asuntos relacionados con los trabajadores del distribuidor, tales como aprobación de vacaciones, evaluación de desempeño, amonestaciones o llamadas de atención.

Debe quedar claro que las partes en un contrato de distribución son comerciantes independientes entre sí, por lo que los trabajadores del distribuidor solo deben responder a las directrices de su único patrono, es decir, el distribuidor.

Igual situación debe ocurrir del lado del productor, quien es el único que debe responder por sus trabajadores.

---

[136] Ibíd., p. 406.
[137] MARZORATI y MOLINA: *op. cit.*, p. 225.

Capítulo IV
UBICACIÓN DEL CONTRATO DE DISTRIBUCIÓN EN LA CLASIFICACIÓN GENERAL DE LOS CONTRATOS

1. APROXIMACIÓN AL PROBLEMA

No existe unanimidad en la doctrina en cuanto a la clasificación de los contratos, resultando, en principio, igualmente válida todas las propuestas, pues «toda clasificación es al propio tiempo justificada y arbitraria, según nos coloquemos o no en el mismo punto de vista en el que se coloca el autor. Y toda clasificación es siempre incompleta, ya que pueden añadirse otros criterios que abarquen otros supuestos»[138].

Para URÍA GONZÁLEZ[139] la clasificación de los contratos carece de relevancia jurídica, ya que es un mero sistema ordenador de los diferentes contratos que se estudian. Si bien es cierto que no existe una clasificación única admisible, para otros autores el tema resulta preocupante.

Por ejemplo, para CANO RICO y SERRA MALLOL[140], una clasificación poco fundada puede llegar a ser estéril e incluso perturbadora para el conocimiento de un contrato determinado. En esta línea, PAZ-ARES RODRÍGUEZ[141] ha manifestado que está demostrado como una clasificación bien fundada resulta de gran utilidad para el estudio de los contratos.

---

[138] GARRIGUEZ DÍAZ-CAÑABETE, Joaquín: *Tratado de Derecho Mercantil. Obligaciones y contratos mercantiles*. Tomo III. Vol. I. Editorial RDM. Madrid. 1963, p. 95.

[139] URÍA GONZÁLEZ, Rodrigo: *Derecho Mercantil*. 24.ª, Editorial Marcial Pons. Madrid. 1997, p. 646.

[140] CANO RICO, José Ramón y SERRA MALLOL, Antonio: *Manual práctico de contratación mercantil. Contratos mercantiles en general*. Tomo I. 3.ª, Editorial Tecnos. Madrid. 1993, pp. 44-46.

[141] PAZ-ARES RODRÍGUEZ, Cándido: *Las excepciones cambiarias*. Editorial Civitas. Madrid. 1986, pp. 257-267.

Vicent Chulía[142] considera que las clasificaciones de los contratos cambian al dictado de la realidad del tráfico actual, y van adquiriendo un carácter más sociológico.

Por su parte, Mélich-Orsini opina que cada contrato singular encierra ciertos caracteres técnicos peculiares que, mientras los diferencia de los demás contratos, lo aproximan a algunos otros[143].

De tal manera que la doctrina ha clasificado a los contratos de un modo general y desde diversos puntos de vista, algunos de los cuales provienen de la época romana. Maduro Luyando y Pittier Sucre son del criterio de que tales clasificaciones son indispensables para desentrañar la diversa naturaleza del contrato y sus variados alcances, pero debe tenerse en cuenta que las clasificaciones obedecen a caracteres técnico-jurídico y no a las simples denominaciones que en particular pueda presentar cada contrato[144].

En este orden de ideas, a continuación se procederá a ubicar el contrato de distribución, de acuerdo a la clasificación general de los contratos propuesta por Maduro Luyando y Pittier Sucre; luego, se analizará el contrato de distribución según nuevas clasificaciones, específicamente como un contrato de coordinación y como un contrato de colaboración.

1.1. *Bilateral*

Según Marzorati, el contrato de distribución es bilateral porque desde que se perfecciona el contrato, ambas partes resultan obligadas entre sí[145].

---

[142] Citado en Montoya Melgar, Alfredo: *Enciclopedia Jurídica Básica*. Vol. i. Civitas. Madrid. 1995, p. 186.
[143] Mélich-Orsini, José: *Doctrina general del contrato*. 2.ª, Editorial Jurídica Venezolana. Caracas. 1993, p. 35
[144] Maduro Luyando, Eloy y Pittier Sucre, Emilio: *Curso de Obligaciones. Derecho Civil iii*. Tomo ii. UCAB. 2009, p. 540.
[145] Marzorati, Osvaldo: *Sistemas de distribución comercial*. Editorial Astrea. Buenos Aires. 1992, p. 63.

De acuerdo con el artículo 1134 del Código Civil, «el contrato es unilateral cuando una sola de las partes se obliga, y bilateral cuando se obligan recíprocamente».

Para Maduro Luyando y Pittier Sucre, la contrapartida al contrato bilateral, es el contrato unilateral[146].

Siguiendo la tesis de Mélich-Orsini, la distinción no consiste ni en el número de las partes (que siempre son dos o más), ni en el número de las declaraciones de voluntad (que igualmente son dos o más, puesto que se trata de un contrato y, como tal, por definición, supone «un acuerdo de voluntades»). La distinción se funda en el número de las prestaciones que surgen del contrato y, más propiamente, en la estructura o relación que dichas prestaciones guardan entre sí[147].

En el contrato bilateral, cada parte está obligada a una prestación determinada que es interdependiente entre sí; y es el presupuesto necesario de la prestación de la otra parte[148]. La bilateralidad en el contrato de distribución se puede evidenciar al analizar las principales obligaciones de las partes y cómo estas se encuentran, indiscutiblemente, interdependientes entre sí, siendo cada parte, necesariamente deudora y acreedora al mismo tiempo.

Es por ello que el productor tiene como obligación fundamental proveer al distribuidor de los productos a distribuir, en calidad y cantidad convenidas, y el distribuidor tiene como principal obligación vender los productos o servicios a terceros bajo los términos acordados.

De tal manera que el distribuidor no podrá cumplir con su obligación fundamental si el productor no cumple primero, con lo cual cada prestación

---

[146] Maduro Luyando y Pittier Sucre: *op. cit.*, p. 540.
[147] Mélich-Orsini: *op. cit.*, p. 37.
[148] Ídem.

constituye el presupuesto indispensable para la prestación de la otra parte, cumpliéndose así con la reciprocidad exigida por el artículo 1134 del Código Civil.

En los contratos de distribución, el cumplimiento de las obligaciones recíprocas suelen no ser de ejecución simultánea («dando y dando»), con lo cual el contrato no deja de ser sinalagmático. Según MÉLICH-ORSINI, lo fundamental es la consideración formal de la intencionalidad de las partes al respecto de la interdependencia de las obligaciones, lo que no obsta para que ellas hayan dispuesto expresa o tácitamente que una de ellas deba ejecutar su prestación antes que la otra[149].

En este sentido, la bilateralidad en el contrato de distribución es de especial importancia por las razones siguientes:

–Las partes en el contrato de distribución podrán ejercer la acción de resolución por incumplimiento establecida en el artículo 1167 del Código Civil y la excepción *non adimpleti contractus* consagrada en el artículo 1168 *eiusdem*. Dicha acción resolutoria y la mencionada excepción, solo se conciben en los contratos bilaterales[150].

–La teoría de los riesgos resuelve el problema que se presenta respecto al deber de cumplir o no la obligación de una de las partes, cuando la otra no cumple con su obligación recíproca por una causa extraña no imputable[151].

–En los contratos bilaterales, como cada parte además de acreedora es deudora, no puede quedar liberada con la sola notificación hecha por ella a la otra parte de haber cedido el crédito, salvo en el caso de que una de las partes haya cumplido la obligación a su cargo y solo se trata de la

---

[149] Ibíd., p. 39.
[150] Ídem.
[151] MADURO LUYANDO y PITTIER SUCRE: *op. cit.*, p. 544.

cesión de su crédito correspectivo, caso en el cual no puede haber duda acerca de la cesibilidad de tal crédito[152].

1.2. *Oneroso*

El artículo 1135 del Código Civil establece: «El contrato es a título oneroso, cuando cada una de las partes trata de procurarse una ventaja mediante un equivalente; es a título gratuito o de beneficencia, cuando una de las partes trata de procurar una ventaja a la otra sin equivalente».

Según MARZORATI, el contrato de distribución es oneroso porque «genera ventajas para ambas partes; en concreto, al distribuidor con el precio que pagan los terceros por la reventa de los productos de prestigio del proveedor; y este por la compensación que recibe del distribuidor, no incurre en riesgo comercial y aumenta su penetración en el mercado»[153].

Para el guatemalteco CONTRERAS ORTIZ, en esta clase de negocios, una persona concede a través de una declaración de voluntad una prestación, pero obtiene a cambio una contraprestación.

El precitado autor define al contrato oneroso como «aquél en que se estipulan gravámenes y provechos recíprocos, en este una de las partes concede a la otra una ventaja económica a cambio de alguna utilidad o beneficio. Es decir, lo que constituye disminución patrimonial para una de las partes contratantes, significa incremento o aumento patrimonial para la otra, y viceversa»[154].

El contrato oneroso se caracteriza porque cada parte hace un sacrificio económico para conseguir como contrapartida una ventaja de la otra, lo cual supone que esta última sacrifica también algo.

---

[152] MÉLICH-ORSINI: *op. cit.*, p. 40.
[153] MARZORATI: *op. cit.* (*Sistemas de distribución...*), p. 63.
[154] CONTRERAS ORTIZ, Rubén: *Obligaciones y negocios jurídicos civiles. Parte general.* Editorial Talleres Gráficos de Serviprensa S. A. Guatemala. 2004, p. 268.

Según Mélich-Orsini, el término «equivalencia» utilizado por el legislador en el artículo 1135 del Código Civil, hay que entenderlo en el sentido subjetivo, es decir, «la ventaja para una de las partes puede tener muy poco significado económico en relación con el significado económico de la prestación que ella cumple»[155].

Es el caso que, en el contrato de distribución, la onerosidad se evidencia fundamentalmente en los siguientes aspectos:

–En el cobro por parte del productor, del precio por provisión del producto, el cual constituye el derecho correlativo del pago del precio que debe el distribuidor; y

–En la percepción del margen de reventa, el cual se trata del beneficio obtenido por el distribuidor por su actividad, no se trata de un pago hecho por otro, sino de un beneficio derivado de la propia actividad distributiva.

Por último, resulta necesario resaltar que, a criterio del autor patrio Mélich-Orsini, la onerosidad es un carácter que se da siempre en los contratos bilaterales, hasta el punto de que algunos doctrinarios han pretendido identificar ambas categorías, pero no debe confundirse onerosidad con bilateralidad. La onerosidad se refiere al cambio de prestaciones, pero no a la reciprocidad entre ellas, que por el contrario es lo característico de la bilateralidad del contrato. Por eso un contrato puede ser oneroso siendo sin embargo unilateral[156].

1.3. *Conmutativo*

Según el autor argentino Marzorati, el contrato de distribución es conmutativo, en oposición al contrato aleatorio, porque «determina obligaciones

---

[155] Mélich-Orsini: *op. cit.*, p. 42.
[156] Ibíd., p. 43.

ciertas y apreciables para las partes desde el momento en que se perfecciona el acto; es decir, las partes conocen sus obligaciones»[157].

Para Mélich-Orsini, los contratos conmutativos son un subtipo de los contratos onerosos, y son definidos como «aquellos en donde la ventaja que cada parte pretende obtener de la otra y el sacrificio que ofrece a cambio de aquélla, pueden ser determinados por cada parte en el mismo momento de la celebración del contrato»[158].

Los contratos de distribución son contratos onerosos-conmutativos, porque las prestaciones que se deben las partes son ciertas desde que se celebra el contrato, con lo cual cada una de ellas puede apreciar inmediatamente el beneficio o la pérdida que el contrato le causa.

La principal importancia de que los contratos de distribución sean conmutativos, es que este tipo de contratos se encuentran en los pocos casos en los que la ley contempla la rescisión por lesión, ya que el supuesto de la lesión es la existencia de una desproporción o desequilibrio muy grande entre las ventajas que cada parte debe retirar del contrato[159].

1.4. *Consensual*

Según Marzorati, el contrato de distribución es consensual porque «se perfecciona con el consentimiento del productor y del distribuidor; el cual otorga el derecho de vender en un sector determinado, recibiendo una remuneración por la reventa»[160].

El contrato de distribución es consensual porque se perfecciona por el simple consentimiento de las partes, sin necesidad de que se exija ninguna

---

[157] Marzorati: *op. cit.* (*Sistemas de distribución…*), p. 64.
[158] Mélich-Orsini: *op. cit.*, pp. 44 y 45.
[159] Ibíd., p. 45.
[160] Marzorati: *op. cit.* (*Sistemas de distribución…*), p. 64.

ritualidad o forma. Es decir, para la existencia del contrato basta en general con el puro consentimiento.

El autor argentino APARICIO considera que los contratos consensuales son «los que se perfeccionan por el simple *concursus voluntatum*, se contraponen, ante todo, a los contratos formales, aquellos que exigen para su conclusión, a más del consentimiento, una forma determinada, sin cuya observancia no quedan perfeccionados en cuanto a tales»[161].

Por su parte, VÁSQUEZ ORTIZ considera que «en los contratos consensuales solo basta el consentimiento de las partes para que sea perfecto»[162].

En este orden de ideas, el también guatemalteco CONTRERAS ORTIZ expresa que el contrato consensual «es aquél que se constituye o perfecciona con el exclusivo consentimiento de las partes contratantes, aunque ninguna de las cosas o prestaciones se hubiere entregado. El solo acuerdo de voluntades vincula contractualmente a las partes, aunque sus efectos hacia terceros necesiten del cumplimiento de alguna formalidad»[163].

1.5. *Principal*

Siguiendo el concepto de contrato principal de MÉLICH-ORSINI[164] y de BEJARANO SÁNCHEZ[165], es posible concluir que el contrato de distribución es principal porque no presupone alguna obligación preexistente, no depende lógica y jurídicamente de una obligación que le sirve de fundamento,

---

[161] APARICIO, Juan Manuel: *Contratos. Primera parte general*. Editorial Hammurabi, S. R. L. Buenos Aires. 1997, p. 126.
[162] VÁSQUEZ ORTIZ, Carlos Humberto: *Derecho Civil IV. Obligaciones II*. Guatemala. 2003, p. 48.
[163] CONTRERAS ORTIZ: *op. cit.*, p. 266.
[164] MÉLICH-ORSINI: *op. cit.*, pp. 52 y 53.
[165] BEJARANO SÁNCHEZ, Manuel: *Obligaciones civiles*. 3.ª, Editorial Harla S. A. México D. F. 1984, p. 42.

tiene su razón de ser y su explicación en sí mismo; no es apéndice de otro, y porque cumple autónomamente su función jurídico-económica.

Es decir, el negocio jurídico principal es imparcial de cualquier otro negocio, tiene sus propios elementos que lo conforman, no depende de cosa alguna para tener vida propia. El jurista GAUDEMENT es del criterio de que «el contrato principal es aquél que puede existir por sí mismo, independientemente de cualquier otro; por ejemplo una compraventa»[166].

El autor guatemalteco AGUILAR GUERRA también coloca como ejemplo de contrato principal a la compraventa, al definir el contrato principal como «aquéllos cuya existencia no dependen de la existencia de otro acto distinto, como acontece por ejemplo, en la compraventa»[167]. Por su parte CONTRERAS ORTIZ define al contrato principal como «aquél que subsiste por sí solo. Es decir, tiene entidad propia, no necesita de ningún otro contrato para poder existir. Tiene un fin propio e independiente. De esa clase son la mayoría de los contratos regulados por el Código Civil»[168].

Si bien el contrato de distribución *per se* es principal, es de advertirse que las partes podrán celebrar contratos preparatorios, precontratos (como se explicará más adelante) e inclusive contratos accesorios, como, por ejemplo fianza de anticipo, fianza de fiel cumplimiento, fianza laboral, entre otros.

1.6. *De tracto sucesivo*

Para el jurista argentino MARZORATI, el contrato de distribución es de tracto sucesivo porque «es un contrato de ejecución continuada o periódica, en el que hay un cumplimiento repetido»[169].

---

[166] GAUDEMENT, Eugene: *Teoría general de las obligaciones.* 2.ª, Editorial Porrúa S. A. México D. F. 1984, p. 41.
[167] AGUILAR GUERRA, Osman: *El negocio jurídico.* 5.ª, Editorial Serviprensa S. A. Guatemala. 2006, p. 108
[168] CONTRERAS ORTIZ: *op. cit.*, p. 267.
[169] MARZORATI: *op. cit.* (*Sistemas de distribución...*), p. 65.

A criterio del guatemalteco AGUILAR GUERRA, «los contratos duraderos conllevan cierta continuidad temporal en su vigencia y ejecución, estableciendo un vínculo entre las partes contratantes que se prolonga durante un determinado plazo temporal, durante dicho plazo las partes, de forma continuada o no, según la naturaleza del contrato, deben llevar a cabo la ejecución de las prestaciones pactadas. En caso de que, al menos una de las partes contratantes, debe realizar alguna o algunas prestaciones con una determinada regularidad temporal, se habla de contratos de ejecución periódica, sucesiva o de tracto sucesivo»[170].

El contrato de distribución es un contrato de tracto o cumplimiento sucesivo, ya que el tiempo constituye un factor importante para que el contrato produzca los efectos esperados por las partes, es decir, los efectos del negocio ocurren posteriores a su celebración.

Al respecto, el doctrinario argentino APARICIO opina que «los contratos de ejecución continuada o periódica, o de duración o de tracto sucesivo, son aquéllos que tienen por contenido una prestación o prestaciones cuya ejecución necesita prolongarse en el tiempo. En estos contratos, el tiempo (...) es una condición para que el contrato produzca los efectos requeridos por las partes. Las prestaciones se miden en función del tiempo, y este elemento es indispensable para que sea dable satisfacer el interés continuado o durable que el contrato presupone»[171].

Por su parte, CONTRERAS ORTIZ es del criterio de que al contrato de tracto sucesivo se le llame «contrato de plazo» y opina que «es de cumplimiento diferido por la naturaleza de las prestaciones, por convenio de las partes contratantes o por disposición de la ley. Es decir que el inicio de los efectos del negocio o contrato, o su extinción se realizan en momento posterior al de su celebración»[172].

---

[170] AGUILAR GUERRA: *op. cit.*, p. 111.
[171] APARICIO: *op. cit.*, p. 155.
[172] CONTRERAS ORTIZ: *op. cit.*, p. 278.

El contrato de distribución es un contrato de tracto sucesivo, por cuanto condiciona sus efectos jurídicos al transcurso del tiempo, ya sea corto, mediano o largo plazo, y ese lapso de tiempo va a estar determinado según la voluntad de las partes y, por lo tanto, también la producción de los efectos jurídicos del mismo.

Adicionalmente, el contrato de distribución es catalogado por Barbieri como un contrato de duración, «pues se encuentran destinados a la creación de una relación estable, pues el distribuidor tiene derecho a que la relación dure para amortiguar las inversiones realizadas y obtener una razonable ganancia»[173].

El contrato de duración ha sido definido por la doctrina argentina como «aquél que está destinado por voluntad de las partes a producir sus efectos durante un lapso más o menos prolongado, precisamente porque el cumplimiento de las prestaciones a lo largo del tiempo es el presupuesto necesario para que el contrato produzca el efecto querido por las partes y satisfaga las necesidades tenidas en vista por ellas»[174].

Para el jurista argentino Fontanarrosa, el tiempo es el elemento causal de este tipo de contratos, al afirmar que «la causa, en los contratos de duración, no consiste en asegurar a una parte una prestación individual aislada (…) sino en asegurarle la repetición continuada, como tal, del deudor, por una cierta duración»[175].

1.7. Típico e innominado

Corresponde a continuación ubicar al contrato de distribución entre los contratos nominados o típicos y los contratos innominados o atípicos[176].

---

[173] Barbieri C., Pablo: *Contratos de empresa*. Editorial Universidad. Buenos Aires. 1998, p. 142.
[174] Fontanarrosa, Rodolfo: *Derecho comercial argentino. Doctrina general de los contratos comerciales*. Tomo II. Editorial V. P. de Zavalía. 1971, p. 54.
[175] Ídem.
[176] Maduro Luyando y Pittier Sucre: *op. cit.*, p. 559.

Según Barbieri, el contrato de distribución es atípico porque «carece de legislación específica»[177]. Sin embargo, resulta indispensable analizar esta característica a la luz de la legislación venezolana.

El Código Civil establece en su artículo 1140 lo siguiente: «Todos los contratos, tengan o no denominación especial, están sometidos a las reglas generales establecidas en este Título, sin perjuicio de las que se establezcan especialmente en los Títulos respectivos para algunos de ellos en particular, en el Código de Comercio sobre las transacciones mercantiles y en las demás leyes especiales».

A criterio de Mélich-Orsini, dicho artículo prevé la existencia de contratos innominados, o lo que es lo mismo, la posibilidad de celebrar contratos que no sean susceptibles de clasificarse en ninguna de las categorías o tipos organizados por el Código Civil, el Código de Comercio o por otras leyes especiales. Según esto, al lado de los contratos que llamaríamos «nominados» o también «típicos», existirían otros contratos «atípicos» cuya organización sería totalmente dejada al arbitrio de los contratantes[178].

La doctrina jurídica actual critica la utilización de la terminología «contratos nominados» y «contratos innominados», por resultar inapropiada. Se señala que esta denominación no es correcta, pues la moderna doctrina ya no se refiere a contratos nominados e innominados, sino a contratos típicos y atípicos[179], ya que hoy no interesa tanto que los contratos tengan una denominación, sino si están regulados o no por la ley[180].

---

[177] Barbieri: *op. cit.*, p. 142.
[178] Mélich-Orsini: *op. cit.*, pp. 51 y 52.
[179] Spota, Alberto: *Instituciones de Derecho Civil. Contratos.* Vol. I. Editorial Depalma. Buenos Aires. 1984. p. 167.
[180] Farina: *op. cit.* (*Contratos comerciales...*), p. 292.

Para GASTALDI, los términos «atípico» o «innominado» se pueden usar alternativamente «en la medida que le demos el exacto concepto de tener o no regulación»[181].

Igual criterio es el utilizado por el autor argentino MOSSET, quien indica que «fuera de los contratos típicos (...) se encuentran la serie inagotable de los contratos innominados o atípicos, vocablos con los cuales se designan todos aquellos contratos que no encuentran su sede dentro de la ley civil»[182].

Sin embargo, para autores como GETE, es errónea la equiparación de los conceptos de tipicidad y nominación por cuanto tales figuras se refieren a fenómenos distintos, ya que «... tipo y tipicidad se refieren a clases de regulación jurídica, a modo de (...) organización de ésta en sede contractual; en tanto en cuanto la ideas de *nomen* y nominación hacen relación al fundamento de la eficacia obligacional del contrato»[183].

Según GETE, «en la evolución doctrinal el *nomen*, tal como era concebido, pierde importancia por el predominio, en la clasificación contractual, de las causas genéricas sobre las específicas. El significado moderno de la diferenciación entre contratos nominados-contratos innominados, a partir de la Escuela de Derecho Natural, viene a decantarse hacia la idea de que la nominación es un dato puramente adjetivo o gramatical»[184].

Otros autores opinan que es necesario distinguir los conceptos de tipicidad y nominación, pero insisten en el de disciplina jurídica, tal es el caso del jurista ARCE GARGOLLO, quien indica que «los contratos atípicos

---

[181] GASTALDI, José María: *Contratos*. Abeledo-Perrot. Buenos Aires. 1995, p. 168.
[182] ITURRASPE, Jorge Mosset: *Contratos*. Editorial Rubinzal-Culzolni. Buenos Aires. 1995, p. 71
[183] GETE, María del Carmen: *Estructura y función del tipo contractual*. Editorial Bosch. Barcelona (España). 1979, p. 32.
[184] Ibíd., pp. 32 y 33.

(como concepto negativo de los típicos) son aquellos cuyo contenido no tiene regulación o disciplina en la legislación. Sin embargo, algunos de estos contratos, sin dejar de ser atípicos, pueden tener una denominación otorgada por la ley (nominados) o por la doctrina»[185].

En este sentido, el jurista italiano MESSINEO indica que «por contrato innominado en antítesis al contrato nominado, se entiende aquél para el cual la Ley no ha dispuesto previamente una particular disciplina jurídica»[186].

En la misma línea se pronunció SCOGNAMIGLIO, al indicar que «puede que las partes celebren un contrato completamente disconforme con los tipos disciplinados por la ley, para tales negocios se suele adoptar la terminología ya mencionada de contrato innominado»[187].

Autores como GASTALDI son del criterio de ampliar el concepto común que señala que el contrato atípico es «el que no tiene regulación legal», para definirlo como «aquel que no tiene una regulación expresa, completa y unitaria en la ley»[188].

El mencionado autor justifica la calificación de «expresa» para resaltar que un contrato es típico no solo cuando tiene una regulación propia, directa, sino también cuando la tiene por remisión; debe ser «completa» porque no basta que uno o algunos de los elementos de un contrato encajen en uno o en más de un contrato típico para considerarlo tal, sino que para ser típico la regulación debe ser completa, de ese contrato, no tomando elementos de varios; y, por último, debe ser «unitaria», ya que tampoco un

---

[185] ARCE GARGOLLO, Javier: *Contratos mercantiles atípicos*. 2.ª, Editorial Trillas. México D. F. 1989, p. 46.
[186] MESSINEO, Francesco: *Doctrina general del contrato*. Editorial EJEA. Buenos Aires. 1952, p. 378.
[187] SCOGNAMIGLIO, Renato: *Teoría general del contrato*. Universidad Externado de Colombia. Bogotá. 1996, p. 139.
[188] GASTALDI: *op. cit.*, p. 173.

contrato será típico aunque la totalidad de sus elementos entren en dos o más contratos típicos, pues para adquirir tipicidad deberán entrar todos en una sola figura contractual[189].

De esta manera, se evidencia un tercer supuesto distinto a la clasificación de los contratos típicos y atípicos, se trata de los contratos «parcialmente atípicos», definidos por GASTALDI como «aquellos que la ley los ha previsto con una individualidad propia y de los cuales, sin embargo, la ley no ha previsto una regulación total en sus cláusulas esenciales».

Se podría decir que son infinitas las formas en que se pueden presentar los contratos atípicos, la doctrina se ha encargado de recoger estas dentro de categorías, siendo la más práctica aquella que divide a la tipicidad en legal y social, siendo la primera aquella que existe cada vez que un acto de carácter general y abstracto incorpora dentro de la regulación positiva una estructura contractual determinada; y la segunda, por el contrario, acontece cuando contratos sin regulación legal se usan frecuentemente en el tráfico negocial, confiriéndoles una estructura constante y un nombre específico[190].

Indica el jurista español FARINA que para determinar si un contrato es nominado o innominado debemos referirnos, concretamente, al Derecho positivo del país de cuyo ordenamiento jurídico se trata, puesto que la única pauta posible es establecer si una figura contractual coincide o no con alguno de los esquemas regulados por la ley[191].

Sin embargo, FARINA alerta que esto no es suficiente, pues puede ocurrir que un contrato que, en principio, parezca ser innominado, resulte ser un contrato nominado al cual las partes han introducido ciertas variantes en

---

[189] Ídem.
[190] TRANCHINI, Marcela: *Contratos típicos y atípicos. Parte general.* Editorial Depalma. Buenos Aires. 1990, p. 144.
[191] FARINA: *op. cit.* (*Contratos comerciales…*), p. 302.

su contenido que no alcanzan a desvirtuar su tipicidad legal; o que se trate de dos o más contratos típicos conexos entre sí; o bien que las partes otorguen a la relación contractual la denominación de un contrato típico y de su análisis resulte que es un contrato legalmente atípico[192].

A pesar del interés económico y social que genera el contrato de distribución dentro del comercio moderno, ha recibido una escasa atención en el Derecho mercantil nacional. Al igual que ocurre en la mayoría de los países latinoamericanos, en Venezuela el contrato de distribución no cuenta con una regulación normativa propiamente dicha, el Código de Comercio ni el Código Civil hacen mención expresa a dicha figura jurídica.

La actividad distributiva ha sido regulada mediante leyes especiales, y de manera restrictiva bajo una perspectiva más propia, del derecho de protección al consumidor y usuario, del derecho a la libre competencia, de las normas del Poder Popular, que del derecho privado contractual.

El contrato de distribución en exclusiva se encuentra expresamente definido en el parágrafo único del artículo 1 de la Resolución N.° SPPLC/036-95 del 28 de agosto de 1995, como: «... Los contratos o acuerdos celebrados entre un proveedor y un distribuidor en los que el proveedor se comprometa a suministrarle en exclusiva al distribuidor determinados productos para su reventa en un territorio determinado».

Por otro lado, son varias las referencias que se hacen respecto a la actividad distributiva, la cual constituye el supuesto de hecho que se pretende regular por medio del contrato de distribución, como por ejemplo, la Ley Orgánica de Seguridad y Soberanía Agroalimentaria, que define en su artículo 32 a la actividad de distribución de productos agroalimentarios, y la Ley Orgánica del Sistema Económico Comunal, la cual define en su artículo 6.8, a la

---

[192] Ídem.

distribución como «Medio o medios necesarios para hacer llegar físicamente el producto (bien o servicio) a los consumidores y consumidoras».

En este orden de ideas, también resulta necesario resaltar que en el marco de las relaciones internacionales de la República, esta suscribió el 13 de febrero de 1973 el Tratado de Cartagena el cual estableció el Pacto Andino, formando así, parte de la Comunidad Andina de Naciones.

El 22 de abril del año 2006, mediante un comunicado emitido por el Ministerio de Relaciones Exteriores dirigido a la Comunidad Andina de Naciones, Venezuela manifestó su deseo de denunciar el Acuerdo de Cartagena y desvincularse de las obligaciones que la misma comporta.

No obstante, tal y como lo indicó la Sala Constitucional del Tribunal Supremo de Justicia, en donde interpretó el artículo 153 de la Constitución de la República Bolivariana de Venezuela. «... las normas que se adopten en el marco de los acuerdos de integración son consideradas parte integrante del ordenamiento legal y de aplicación directa y preferente a la legislación interna, mientras se encuentre vigente el tratado que les dio origen, en los términos expuestos en el presente fallo y bajo las condiciones que el propio convenio establezca en relación a su terminación»[193].

En este sentido, mientras se encontró vigente el Acuerdo de Cartagena, formaron parte del ordenamiento jurídico de Venezuela los siguientes instrumentos normativos que limitaron a la actividad distributiva:

–Decisión N.° 285 de fecha 21 de marzo de 1991 de la Comisión de la Comunidad Andina de Naciones, en donde se fijaron las normas para Prevenir o Corregir las Distorsiones en la Competencia Generadas por Prácticas Restrictivas de la Libre Competencia. En dicha decisión se establece en su

---

[193] TSJ/SC, sent. del 04-07-12.

artículo 4, que la limitación o el control de la distribución es considerado un acuerdo, actuación paralela o una práctica concertada restrictiva de la libre competencia. Así mismo, se establece en su artículo 5 que el mismo supuesto de hecho es considerado un abuso de posición de dominio en el mercado.

–Decisión N.º 608 de fecha 29 de marzo de 2005 de la Comisión de la Comunidad Andina de Naciones, en donde se fijaron las normas para la protección y promoción de la libre competencia en la Comunidad Andina. En dicha decisión se establece en su artículo 8, que se presume como conducta de abuso de una posición de dominio en el mercado, la fijación, imposición o establecimiento injustificado de la distribución exclusiva de bienes o servicios.

En síntesis, la única mención expresa al contrato de distribución es la contenida en la referida Resolución N.º SPPLC/036-95, la actividad distributiva se encuentra definida y regulada por distintos instrumentos legislativos, tales como la Ley Orgánica de Seguridad y Soberanía Agroalimentaria y la Ley Orgánica del Sistema Económico Comunal, así como por las Decisiones N.ºˢ 285 y 608 de la Comunidad Andina de Naciones, que formaron parte del ordenamiento jurídico venezolano hasta tanto se encontró vigente el Acuerdo de Cartagena.

Sin embargo, ¿es suficiente dicha regulación para catalogar al contrato de distribución como un contrato típico y nominado?

Tal y como señala Puig Brutau, «los hechos y circunstancias que las normas pretenden regir siempre evolucionan con una rapidez superior a la marcha que puede imprimirse al Derecho Civil (o Mercantil) por actividad legislativa»[194].

---

[194] Puig Brutau, José: *La jurisprudencia como fuente del Derecho. Interpretación creadora y arbitrio judicial*. Editorial Bosch, Casa Editorial. Barcelona (España). 1953, p. 19.

En este punto, es necesario hacer mención a lo establecido en el artículo 9 del Código de Comercio, el cual es del tenor siguiente: «Las costumbres mercantiles suplen el silencio de la ley, cuando los hechos que las constituyen son uniformes, públicos, generalmente ejecutados en la República o en una determinada localidad y reiterados por un largo espacio de tiempo que apreciarán prudencialmente los Jueces de Comercio».

Se trata de la costumbre mercantil, la cual es definida como la «práctica social lícita, reiterada durante un considerable espacio de tiempo de manera uniforme y aceptada socialmente, que regula, ante el silencio de la ley, una actividad mercantil determinada y actos de comercio específicos. Es una práctica jurídica en defecto de regulación legal»[195].

Según indica GOLDSCHMIDT, «el Código se refiere en el artículo 9 a las costumbres normativas o legislativas», las cuales «no pueden derogar una ley, ni siquiera una ley dispositiva, ya que solamente suplen el silencio de la ley»[196].

En este sentido, «tiene que ser una práctica reiterada en tiempo suficiente y de conocimiento público, no contraria a la ley, tenida como norma reguladora de una situación mercantil determinada, como si fuera una norma expresa de obligatorio cumplimiento, que suple la falta de regulación expresa de la ley»[197].

La permanente evolución de las relaciones económicas, los avances tecnológicos, la expansión de la economía y la dinámica actual de la práctica comercial determinan la aparición y proliferación de relaciones contractuales no previstas por los textos legales y que dan nacimiento a nuevas

---

[195] ALBORNOZ: *op. cit.*, p. 29.
[196] GOLDSCHMIDT, Roberto: *Curso de Derecho Mercantil*. UCAB-Fundación Roberto Goldschmidt. Caracas. 2002, pp. 72 y 73.
[197] ALBORNOZ: *op. cit.*, p. 29.

figuras contractuales; por tanto, los clásicos contratos típicos resultan insuficientes para dar adecuada solución a todos estos problemas. La creatividad del comerciante es constante y es fuente de nacimiento de fórmulas que luego requieren del análisis de los profesionales del derecho para determinar su licitud y alcance[198].

Como bien se ha dicho, cuanto mayor intensidad tiene el desarrollo y la complejidad de la vida económica, correlativamente, más se incrementa la variedad de nuevas figuras contractuales creadas por las exigencias del tráfico e impulsadas por la enriquecedora experiencia de los usos y las costumbres»[199].

Debido a la práctica reiterada en el comercio del contrato de distribución, por el mismo no contrariar a la ley, por regular una situación mercantil determinada, y por suplir la falta de regulación expresa de la ley, es posible afirmar que la utilización del contrato de distribución en Venezuela se ha convertido en una costumbre mercantil normativa.

Tal es el criterio de Arrubla Paucar, quien indica que el contrato de distribución no se encuentra regulado en la ley civil o mercantil, pero que se practica en forma reiterada por el conglomerado social y que, por lo tanto, en esos usos tienen una función identificable e incluso una regulación[200].

Es por ello que el contrato de distribución es uno de los contratos que mejor refleja la evolución del Derecho mercantil.

Por las razones anteriormente expuestas, se concluye que el contrato de distribución en Venezuela es un contrato típico, ya que su utilización en el comercio es considerada una costumbre mercantil normativa.

---

[198] Farina: *op. cit.* (*Contratos comerciales…*), p. 289.
[199] Aparicio: *op. cit.*, p. 140.
[200] Arrubla Paucar, Jaime: *Contratos mercantiles. Contratos atípicos.* Tomo II. 3.ª, Biblioteca Jurídica Diké. Bogotá. 1998, p. 28.

En cuanto a si se trata de un contrato nominado o innominado, es necesario resaltar lo siguiente:

Tal y como se indicó con anterioridad, el parágrafo único del artículo 1 de la Resolución N.º SPPLC/036-95 del 28 de agosto de 1995, define al contrato de distribución en exclusiva. Se trata de la única mención expresa que hace el ordenamiento jurídico venezolano respecto a la institución del contrato de distribución, y de hecho hace mención es a un tipo de contrato de distribución, como lo es el contrato de distribución en exclusiva.

Por consiguiente, no es posible indicar que el contrato de distribución cuente con una nominación expresa por parte de la legislación venezolana.

Al respecto, es importante volver a hacer mención al contenido del artículo 1140 del Código Civil, el cual es del tenor siguiente: «Todos los contratos, tengan o no denominación especial están sometidos a las reglas generales establecidas en este título, sin perjuicio de las que se establezcan especialmente en los Títulos respectivos para algunos de ellos, en particular en el Código de Comercio sobre las transacciones mercantiles y en las demás leyes especiales».

La doctrina patria ha establecido que el referido artículo establece la posibilidad a las partes de celebrar contratos innominados[201].

Puede decirse que el Código Civil ha efectuado una suerte de delegación en los sujetos privados, considerándolos como el mejor juez acerca de la oportunidad de adoptar sus propias formulaciones contractuales, en vez de recurrir a las figuras tradicionales, para conseguir más eficazmente sus propios fines: salvo los límites de la licitud y de las normas generales impuestas en protección de la moral, de las buenas costumbres, de la buena fe y del orden público en general[202].

---

[201] MÉLICH-ORSINI: *op. cit.*, p. 51.
[202] MESSINEO: *op. cit.* (*Doctrina general…*), p. 694.

Por otro lado, el artículo 1159 *eiusdem* consagra el principio de la libre autonomía de la voluntad de los contratantes, al establecer lo siguiente: «Los contratos tienen fuerza de ley entre las partes. No pueden revocarse sino por mutuo consentimiento o por las causas autorizadas por la ley».

El principio de la libre autonomía de la voluntad de las partes es definido por Capitant, como aquel «principio de derecho privado en virtud del cual el autor o los autores de un acto jurídico tienen la facultad de celebrarlo libremente y determinar a su voluntad su contenido y efectos»[203].

Tal y como indica Díez-Picazo[204], la regla o principio general de la libertad contractual otorga a las partes:

–La posibilidad de que celebren contratos sin necesidad de ajustarse a los tipos preestablecidos por la ley.

–Posibilidad de modificar la disciplina normativa correspondiente a los contratos nominados, para dar satisfacción a los concretos intereses que, en cada caso, tratan de hallar adecuada solución por medio de esa relación contractual que las partes crean.

–Convenir libremente dentro del marco general impuesto por el ordenamiento jurídico, conforme a sus necesidades y posibilidades.

La aparición constante de nuevos contratos innominados se debe no solo a un proceso técnico de diferenciación, sino también al nacimiento de nuevas necesidades económicas: cuanto más rico es el desarrollo de la vida económica, tanto más crece el número de las nuevas figuras contractuales[205].

---

[203] Capitant, Henri: *Vocabulario jurídico*. Ediciones Depalma. Buenos Aires. 1961, p. 70.
[204] Díez-Picazo, Luis: *Fundamentos del Derecho Civil patrimonial*. Tomo i. Editorial Tecnos. Madrid. 1983, p. 248.
[205] Messineo: *op. cit.* (*Doctrina general…*), p. 381.

El jurista Farina, citando al italiano Messineo, indica que «… el contrato innominado es una consecuencia de la situación más general, pues el derecho legislado se halla siempre con cierto atraso con respecto a la realidad, ya que los institutos jurídicos tienen su germen, por lo común, no en la fantasía de los juristas o del legislador, sino en la inventiva de los comerciantes que, generalmente, se plasma como primera disciplina en los usos y luego en la costumbre antes que la legislación se ocupe de ellas»[206].

Colin y Capitant definen al principio de la libertad de las convenciones como aquel que «consiste en que los particulares puedan ejecutar todos los actos jurídicos que quieran, y de hacerles producir las consecuencias jurídicas que les convengan, siempre que no se trate de un acto o de un efecto jurídico prohibido por una disposición expresa de la ley. Todo lo que no está prohibido, está permitido»[207].

De tal manera que el poder de la libre autonomía de la voluntad de las partes no es absoluto e incondicionado, ya que su límite se encuentra perfectamente definido en el artículo 6 del Código Civil, el cual establece que no pueden renunciarse ni relajarse por convenios particulares las leyes en cuya observancia estén interesados el orden público o las buenas costumbres[208].

Por las razones anteriormente indicadas, se concluye que el contrato de distribución en Venezuela es un contrato innominado que nace gracias al poder de la libre autonomía de la voluntad de las partes.

1.8. *Entre personas lejanas y entre presentes*

Dentro de esta clasificación la doctrina distingue al contrato entre personas ausentes o personas lejanas en sentido más técnico, y personas que

---

[206] Farina: *op. cit.* (*Contratos comerciales…*), p. 289.
[207] Colin, Ambrosio y Capitant, Henri: *Curso Elemental de Derecho Civil*. 3.ª, Instituto Editorial Reus. Madrid. 1952, p. 70.
[208] Mélich-Orsini: *op. cit.*, pp. 28-30.

están frente a frente.[209] El contrato de distribución puede celebrarse entre personas ausentes y entre personas presentes. Debe resaltarse que el contrato de distribución es un contrato entre vivos, en contraposición de los contratos de última voluntad o *mortis* causa.

El jurista Aguilar Guerra define a los contratos entre vivos como «aquellos cuya eficacia no está condicionada a la muerte de los otorgantes del acto, se regulan para que se produzcan sus efectos en la vida de las personas intervinientes y sin que tenga que esperar a la muerte de alguna de ellas»[210].

1.9. *Paritario*

A continuación, se determinará si el contrato de distribución debe clasificarse como un contrato paritario, o si, por el contrario, debe entenderse como un contrato de adhesión[211].

Según Barbieri, el contrato de distribución es un contrato de adhesión, ya que «las empresas productoras de bienes a distribuir establecen las cláusulas por las cuales se guiará la relación contractual, quedando el distribuidor solo con la posibilidad de aceptarlas»[212].

Sin embargo, la categorización del contrato de distribución como un contrato de adhesión dependerá del concepto que se tenga de contrato de adhesión. Así, para Díez-Picazo, la expresión contrato de adhesión fue propuesta por Saleilles, a principios de siglo y aceptada posteriormente por la doctrina francesa y la de otros países[213].

---

[209] Maduro Luyando y Pittier Sucre: *op. cit.*, p. 568.
[210] Aguilar Guerra: *op. cit.*, p. 108.
[211] Maduro Luyando y Pittier Sucre: *op. cit.*, p. 569.
[212] Barbieri: *op. cit.*, p. 142.
[213] Díez-Picazo: *op. cit.* (*Fundamentos del Derecho...*), p. 233.

El jurista español Santos Briz es del criterio de que esta locución no resulta muy acertada, ya que de adhesión puede hablarse en numerosos casos en que el principio de autonomía de la voluntad tiene vigencia absoluta, al indicar que «la palabra adhesión tiene un significado tan general en nuestro idioma que no sirve para designar una categoría tan especial de contratos»[214].

La derogada Ley para la Defensa de las Personas en el Acceso a los Bienes y Servicios definía al contrato de adhesión de la siguiente manera: «Se entenderá como contrato de adhesión, a los efectos de esta Ley, los contratos tipos o aquellos cuyas cláusulas han sido aprobadas por la autoridad competente por la materia o establecidas unilateralmente por la proveedora o el proveedor de bienes y servicios, sin que las personas puedan discutir o modificar substancialmente su contenido al momento de contratar. En aquellos casos en que la proveedora o el proveedor de bienes y servicios unilateralmente establezcan las cláusulas del contrato de adhesión, la autoridad competente, podrá anular aquellas que pongan en desventaja o vulneren los derechos de las personas, mediante acto administrativo que será de estricto cumplimiento por parte de la proveedora o proveedores».

Según Kummerow, los contratos de adhesión son «convenciones en que uno de los contratantes se suma en forma incondicional al contenido preelaborado por el otro». Así mismo, para el precitado autor, los contratos de adhesión surgen en contra posición a los contratos cuyo «contenido y sus efectos mismos resultan de una previa discusión entre los sujetos»[215].

Al respecto, el Tribunal Supremo de Justicia ha indicado que «una de las partes se limita a ofrecer sus condiciones a la otra, a la cual solamente le

---

[214] Santos Briz, Jaime: *Derecho económico y Derecho Civil*. Revista de Derecho Privado. Madrid. 1963, pp. 113 y 114.
[215] Kummerow, Gert: *Algunos problemas fundamentales del contrato por adhesión en el Derecho Privado*. Caracas. 1981, p. 12.

queda la elección entre someterse a las mismas o simplemente dejar de contratar. A esta clase de contratos, la doctrina los ha calificado como contratos de adhesión»[216].

En dicha sentencia, el Tribunal Supremo de Justicia enumeró las características esenciales de los contratos de adhesión: 1. la oferta tiene un carácter general y permanente, dirigida a persona indeterminada y siendo mantenida por tiempo ilimitado; 2. la oferta generalmente emana de un contratante dotado de cierto poder económico, bien sea originado por sus propias fuerzas o como consecuencia de la unión con otras empresas análogas; 3. el objeto del contrato es la prestación de un servicio privado, pretendido por un sector privilegiado de la comunidad y que solamente la persona jurídica puede proporcionar; 4. la oferta puede aparecer bajo la forma de un contrato tipo o formato cuyas condiciones generales se presentan en bloque a los futuros adherentes particulares; y 5. el contrato comprende una serie de cláusulas establecidas generalmente en interés del oferente y en pequeña monta a favor del futuro adherente particular[217].

Asimismo, MÉLICH-ORSINI indica que los contratos de adhesión son «un producto de la técnica organizativa, que tiende a hacer constantes ciertas cláusulas como resultado de experiencias anteriores o de exigencias del buen funcionamiento de una organización. El contrato de adhesión básicamente busca eliminar las dificultades que presentan las negociaciones con los clientes y contribuye, desde el punto de vista económico, a acelerar la conclusión de los contratos y a facilitar y garantizar el intercambio de bienes y servicios que necesita una sociedad desarrollada»[218].

Por otro lado, CORSI es del criterio de que los contratos de adhesión responden a los «... adelantos tecnológicos, la estandarización de la economía

---

[216] TSJ/SCC, sent. N.º 660, del 07-11-03.
[217] Ídem.
[218] MÉLICH-ORSINI: *op. cit.*, p. 71.

y el factor dinámico y acelerado de nuestra sociedad (…) técnica indispensable para las relaciones entre las empresas modernas y los consumidores»[219].

La doctrina española ha establecido que «la utilización de contratos tipo y la ausencia de negociación son, sin duda, las consecuencias inevitables de la centralización de poderes de decisión en la producción y la distribución de las relaciones contractuales de masa. El número y la repetición de los contratos, la rapidez necesaria de su conclusión y la intervención de dependientes que no tienen ningún poder de decisión impiden, en la distribución moderna de bienes y servicios, cualquier negociación capaz de modificar los modelos previamente redactados por servicios de especialistas»[220].

Si bien dependerá de cada caso en concreto, creemos que en la mayoría de las veces, el contrato de distribución será paritario, y muy excepcionalmente, será de adhesión, por las razones siguientes:

–El contrato de distribución suele ser el resultado de un proceso de negociación largo y de detalle, en donde las partes discuten minuciosamente los términos y condiciones que regirán al negocio jurídico.

–Ambas partes tienen intereses, y procurarán que el contrato refleje el marco jurídico necesario para satisfacer sus pretensiones, por lo que no es cierto que el contrato de distribución comprenda una serie de cláusulas establecidas generalmente en interés del productor y en pequeña medida a favor del distribuidor.

–El productor tiene especial interés en elegir quien distribuirá sus productos, por lo que no es cierto que lo usual es que este efectúe una oferta con carácter general y permanente, dirigida a persona indeterminada.

---

[219] Corsi, Luis: «Contribución al estudio de las cláusulas de exoneración y limitación de la responsabilidad contractual». Separata de la *Revista de Derecho* N.º 7. Tribunal Supremo de Justicia. Caracas, p. 26.
[220] La Cruz, José; *et al.*: *Elementos de Derecho Civil II. Derecho de Obligaciones*. Vol. I. Barcelona (España). 1994, p. 358.

–La fase precontractual al contrato de distribución tiene especial relevancia, ya que le permitirá a las partes iniciar las conversaciones preliminares necesarias para suscribir un contrato que recoja las intenciones de los contratantes.

–No es cierto decir que el productor siempre será la parte poderosa de la relación jurídica, supuestamente dotada con cierto poder económico, ya que es absolutamente posible conseguir a un distribuidor que goce de una situación económica y de poder, mucho más preponderante que la del productor.

1.10. *Individual*

Ahora corresponde determinar si el contrato de distribución es un contrato individual o colectivo[221].

El autor patrio Mélich-Orsini define al contrato individual como aquel que sirve a los intereses de los individuos considerados como tales[222]. Para Vásquez Ortiz[223], los contratos individuales son aquellos en los que solo existe una parte acreedora y una parte deudora.

En esta línea, Maduro Luyando y Pittier Sucre definen al contrato individual como «aquellos que regulan intereses de las propias partes contratantes y que no afectan de modo alguno los derechos y obligaciones de terceros, salvo las excepciones establecidas en la ley»[224].

Se puede afirmar que el contrato de distribución es un contrato individual, ya que solo existen dos sujetos o contratantes (distribuido y distribuidor), y cada uno de ellos es responsable por sus obligaciones y sus actos no afectan los derechos y obligaciones de terceras personas.

---

[221] Maduro Luyando y Pittier Sucre: *op. cit.*, p. 569.
[222] Mélich-Orsini: *op. cit.*, p. 57.
[223] Vásquez Ortiz: *op. cit.*, p. 50.
[224] Maduro Luyando y Pittier Sucre: *op. cit.*, p. 575.

1.11. *Intuito personae*

Según Marzorati, el contrato de distribución es *intuito personae* en contraposición a los contratos ordinarios, porque «para realizar el contrato se toma en cuenta las cualidades o aptitudes de ambas partes»[225].

Similar definición propone la doctrina guatemalteca del contrato *intuito personae*, el cual lo define como aquel: «que se realiza en función de las cualidades de uno o de ambos contratantes. Normalmente la muerte de la persona elegida por sus cualidades extingue el negocio»[226].

Para Vásquez Ortiz este tipo de contratos «se celebra teniendo en cuenta la calidad, profesión, oficio o arte del otro contratante»[227].

De tal manera que el contrato de distribución es un contrato *intuito personae*, ya que el productor que desee comercializar sus productos por intermedio de distribuidores, los selecciona entre comerciantes que ya tienen experiencia en el ramo de que se trate, preferiblemente, con un establecimiento instalado en la zona que se le atribuirá, con una clientela propia, con prestigio comercial, solvencia material y moral.

Por otro lado, quien accede a ser distribuidor, lo hace atraído por el prestigio comercial del productor y por la fama y bondades del producto a distribuir.

El contrato de distribución se celebra atendiendo a las condiciones personales de los contratantes; cada una de las partes contrata con la otra en razón de consideraciones que le merecen sus cualidades personales y su competencia en el campo de sus respectivas actividades mercantiles.

---

[225] Marzorati: *op. cit.* (*Sistemas de distribución…*), p. 65.
[226] Aguilar Guerra: *op. cit.*, p. 110.
[227] Vásquez Ortiz: *op. cit.*, p. 51.

1.12. *Causado*

Los contratos de distribución son verdaderos contratos causados, en contraposición a los contratos abstractos, ya que siguiendo el concepto de Maduro Luyando y Pittier Sucre, este contiene no solo la manifestación de voluntad de las partes de cumplir con las prestaciones, sino la causa de la promesa, o sea, la intención o fin jurídico perseguido con las prestaciones prometidas[228].

1.13. *Interno o internacional*

Según la legislación aplicable, los contratos pueden ser clasificados de internos o internacionales[229].

Para Maduro Luyando y Pittier Sucr[230], un contrato será interno cuando es celebrado entre personas que en el momento de la contratación están dentro de la jurisdicción venezolana y serán ejecutados dentro del territorio nacional, para el cual se aplicaría la ley venezolana salvo pacto en contrario; y un contrato será internacional cuando es celebrado entre personas que en el momento del perfeccionamiento del contrato se encuentran en países distintos o sometidos a leyes distintas.

Resulta imposible encasillar a los contratos de distribución en una u otra de esta categoría, ya que se puede celebrar en cualquiera de los dos supuestos.

1.4. *Privado*

Según Maduro Luyando y Pittier Sucre, según el derecho aplicable los contratos se dividen en contratos privados y contratos

---

[228] Maduro Luyando y Pittier Sucre: *op. cit.*, p. 575.
[229] Ídem.
[230] Ibíd., pp. 575 y 576.

públicos[231]. La división de las normas jurídicas en dos grandes ramas o grupos (derecho público y derecho privado) es de origen romano, para quienes el derecho público era el que se refería al Estado y el derecho privado el que regulaba las relaciones entre particulares; concepción conocida como la teoría del interés en juego[232].

Para Morles Hernández, ninguna de las teorías resuelve satisfactoriamente el punto. Uno de los criterios más generalmente aceptados es que la diferencia debe buscarse en la naturaleza de las relaciones que las normas establecen: relaciones de coordinación o relaciones de subordinación. La primera se presenta cuando los sujetos en ella envueltos se encuentran en un plano de igualdad, y sería de subordinación cuando los sujetos están en un nivel desigual, es decir, cuando en la relación interviene el Estado como entidad soberana[233].

Según Maduro Luyando y Pittier Sucre, los contratos privados son en general los contratos celebrados entre particulares, siendo necesario distinguir entre los contratos civiles y los contratos celebrados entre comerciantes; y los contratos públicos son aquellos contratos que son celebrados por el Estado, mediante cualquiera de sus órganos[234].

Si bien el estudio de las reglas particulares que permiten en un caso determinado calificar al concreto contrato como público o como privado pertenece al Derecho Administrativo[235], es necesario indicar que el contrato de distribución puede ser un contrato privado o un contrato público, según sea el caso.

---

[231] Ibíd., p. 577.
[232] Morles Hernández: *op. cit.*, t. i, p. 78.
[233] Ibíd., pp. 78 y 79.
[234] Maduro Luyando y Pittier Sucre: *op. cit.*, p. 577.
[235] Mélich-Orsini: *op. cit.*, pp. 50-60.

Cuando el contrato de distribución es celebrado como un contrato privado, siguiendo el estudio del acto de comercio objetivo, se puede concluir que se trata de un contrato entre comerciantes, por las razones siguientes:

i. El artículo 2.1 del Código de Comercio establece que la compra de cosas muebles hechas con ánimos de revenderlas en la misma forma o en otra distinta es un acto de comercio.

La doctrina ha denominado dicho acto como un acto objetivo de comercio en razón del intento especulativo del sujeto[236], en este caso del distribuidor.

Según Rocco, citado en Morles Hernández, se trata de un acto de comercio por su naturaleza intrínseca, ya que se trata de la figura típica de la actividad mercantil, de modo que dicho acto es mercantil aun en sentido rigurosamente económico[237].

La principal actividad del distribuidor será la adquisición del producto que posteriormente distribuirá. Se trata de una adquisición, definida por Morles Hernández como «cualquier medio por el cual la propiedad o el uso de una cosa mueble se incorpore al patrimonio del comprador»[238].

La adquisición debe tratarse de una cosa mueble, entre las cuales podría encontrarse bienes corporales, bienes materiales o inmateriales, con excepción de inmuebles.

El ánimo de revender debe ser simultáneo con la adquisición y la transferencia debe tener por objeto las mismas cosas adquiridas[239], lo cual resulta evidente en el contrato de distribución, ya que el objeto principal del contrato es la reventa del producto a ser distribuido.

---

[236] Goldschmidt: *op. cit.*, pp. 94 y 95.
[237] Morles Hernández: *op. cit.*, t. I, pp. 554 y 555.
[238] Ibíd., p. 555.
[239] Ídem.

Así, Morles Hernández, al analizar el artículo 2.1 del Código de Comercio, afirma que no es necesario que la transferencia ocurra exclusivamente a través de los contratos allí indicados (reventa, permuta o arrendamiento), ya que cualquier otro debe considerarse incluido, si se cumple el propósito inicial de transferencia la propiedad o el uso, tal y como ocurre con el contrato de distribución[240].

De tal manera que el contrato de distribución será considerado un contrato privado-mercantil, en función de las principales obligaciones del distribuidor.

ii. El artículo 2.6 del Código de Comercio establece que las empresas de manufacturas son consideradas como acto de comercio.

La doctrina ha catalogado a tales empresas como mercantiles en razón de la forma particular del ejercicio[241], bajo este supuesto se encuadra el distribuido.

Morles Hernández define a la manufactura como aquel «producto elaborado a mano o con el auxilio de máquinas», y también lo define como «cualquier establecimiento industrial que transforma materias primas en productos elaborados o perfecciona mercaderías para adecuarles al gusto de los consumidores»[242].

En por ello que el productor o distribuido se considera comerciante aun antes del contrato de distribución, siempre y cuando el distribuido sea el encargado de la manufactura de sus productos, lo cual ocurre en la gran mayoría de las veces.

---

[240] Ibíd., p. 556.
[241] Goldschmidt: *op. cit.*, p. 96.
[242] Morles Hernández: *op. cit.*, t. i, p. 560.

Por otro lado, al analizar tal situación una vez celebrado el contrato de distribución, se concluye que este será considerado un contrato privado-mercantil, en función de las actividades propias del distribuido, entendida como la manufactura de los productos que posteriormente suministrará al distribuidor para su distribución.

iii. El artículo 2.10 del Código de Comercio establece que son actos de comercio el depósito, por causa de comercio, las empresas de provisiones o suministro, son consideradas como acto de comercio.

Al igual que en el supuesto anterior, la doctrina ha catalogado a estas empresas como mercantiles en razón de la forma particular del ejercicio[243], bajo este supuesto se encuadra el distribuidor.

Para Morles Hernández, las empresas de provisiones o suministros cumplen una labor de entrega de cosas o servicios, en forma periódica o continua, contra la percepción de una compensación[244].

En este sentido, el contrato de distribución será considerado un contrato privado-mercantil, en función de las actividades propias tanto del distribuido como del distribuidor, ya que ambos en ejercicio de sus funciones entregarán cosas o servicios periódicamente a cambio de una compensación económica; para el caso del distribuido las cosas serán suministradas al distribuidor, quien a su vez le pagará un precio por tales cosas, y en el caso del distribuidor, este suministrará las cosas obtenidas del distribuido, a sus clientes, quienes a cambio le pagarán un precio determinado.

Si bien para Barbieri el contrato de distribución es «de carácter comercial o mercantil porque puede ser ubicado dentro de la categoría de contratos de empresa»[245], anteriormente se dijo que este podría ser un contrato público.

---

[243] Goldschmidt: *op. cit.*, p. 96.
[244] Morles Hernández: *op. cit.*, t. i, p. 563.
[245] Barbieri: *op. cit.*, p. 142.

De tal manera que, cuando el contrato de distribución es celebrado como un contrato público, este estará sometido al cumplimiento de una serie de requisitos y de autorizaciones previas, que pueden influir en la validez del contrato.

Por las razones antes señaladas, resulta verdaderamente importante verificar si el representante del órgano del Estado que suscriba el contrato tiene la facultad para hacerlo, de lo contrario la validez del contrato podría verse afectada. Igual situación ocurre con la posibilidad de someter a la jurisdicción arbitral los posibles conflictos y controversias que surjan durante la ejecución del contrato, es necesario cumplir con ciertas exigencias legales.

2. El contrato de distribución como contrato de colaboración

Concluido el análisis del contrato de distribución según la clasificación general de los contratos, resulta necesario analizar el contrato de distribución como un contrato de colaboración.

A lo largo del presente trabajo, se ha hecho referencia a que el contrato de distribución surge como un mecanismo para regular la comercialización de bienes y servicios, permitiendo ampliar el alcance de los negocios del productor, excluyendo los costos de comercialización de su estructura empresarial y permitiendo concentrar las inversiones de capital en su actividad principal: la productiva, obteniendo mayores beneficios con menos riesgos.

La realidad empresarial, en la búsqueda de la mayor utilidad al menor costo, encontró un sistema de trabajo más flexible y de operaciones transitorias, mediante un sistema de vinculaciones temporarias con otras empresas.

Tal y como lo señala Caumont[246], las nuevas figuras contractuales convocaron la atención de los operadores académicos y pragmáticos con la misma rapidez que se produjo su irrupción. Sin embargo, la categoría de los contratos de colaboración no es uniformemente acogida por la doctrina, presentando distintas agrupaciones contractuales, e incluso, subcategorías, así como distintos contenidos[247].

Afirma Farina que en la práctica y en la doctrina jurídica se emplean expresiones tales como contratos de colaboración, contratos plurilaterales, contratos de organización, contratos asociativos, expresiones que se refieren a diversas categorías de contratos no incompatibles entre sí[248], que comenzaron a ser usados más frecuentemente desde que la doctrina jurídica profundizó el análisis crítico de la naturaleza jurídica del acto constitutivo de las sociedades comerciales, llegando a la conclusión de que dicho acto constitutivo es un contrato plurilateral de colaboración y organización[249].

Sin embargo, en el derecho moderno la noción de colaboración es amplia, y nace de la necesidad de descentralización y complementación que tiene una empresa productora de bienes o servicios, para colocar sus productos en uno o más mercados, función esta última, que asume la empresa colaboradora[250].

Messineo define a los contratos de colaboración de su época, como aquellos en los que una parte despliega su actividad en concurrencia con la actividad ajena, si bien de manera independiente. A criterio de este autor,

---

[246] Caumont, Arturo: *La denominada contratación moderna. Instituciones de Derecho Privado Moderno.* Abeledo Perrot. Buenos Aires. 2001, p. 643.
[247] Peinado, José: *Pactos de garantía en contratos de colaboración.* Editorial CDC. 1995, pp. 176 y 177.
[248] Farina: *op. cit.* (*Contratos comerciales...*), p. 769.
[249] Farina, Juan Manuel: *Contratos de colaboración, contratos de organización, contratos plurilaterales y contratos asociativos.* Editorial La Ley. España. 1992, pp. 1037 y 1040.
[250] Farina: *op. cit.* (*Contratos comerciales...*), p. 770.

algunos ejemplos de contratos de colaboración son: mandato, comisión, expedición, agencia, edición, representación, ejecución y cesión de patente de invención[251].

Por su parte, Spota define a los contratos de colaboración como «aquellos en los cuales media una función de cooperación de una parte hacia otra o, recíprocamente, para alcanzar el fin que ha determinado el advenimiento del contrato. Ese fin puede ser una gestión a realizar, un resultado a obtener, o una utilidad a conseguir y repartir»[252].

Por su parte, Farina concuerda con las definiciones de Messineo y Spota[253].

Alterini indica que el fenómeno de la colaboración fue expresado clásicamente mediante las sociedades comerciales, tendientes a la producción o intercambio de bienes o servicios y, por consiguiente, existe una categoría de contratos denominados de colaboración empresarial, y los define como aquellos que tienen por finalidad la consecución de un propósito común, como los de agencia, de concesión, de distribución y de franquicia[254].

Así mismo, señala Alterini que actualmente existen formas de colaboración que se llevan a cabo sin formar una sociedad, y las enumera de la siguiente manera: 1. agrupaciones de colaboración, tendientes a establecer una organización común para facilitar o desarrollar determinados aspectos de la actividad empresarial; 2. contratos asociativos como el de *joint venture*, por el cual varias partes sin asociarse, afrontan en común un único negocio. En el desenvolvimiento de estas formas de colaboración son suscritos contratos de financiamiento, de aporte de derechos sobre marcas

---

[251] Messineo: *op. cit.* (*Doctrina general...*), p. 36.
[252] Spota: *op. cit.*, p. 124.
[253] Farina: *op. cit.* (*Contratos comerciales...*), p. 770.
[254] Alterini, Atilio: *Contratos civiles, comerciales, de consumo. Teoría general.* Editorial Abeledo Perrot. Buenos Aires. Primera reimpresión. 1999, pp. 195 y 196.

o patentes, de transferencia de tecnología, entre otros, que están encadenados entre sí por la identidad del objeto[255].

Lo cierto es que el universo actual del fenómeno de la colaboración es muy amplio y se manifiesta también en otras situaciones en la que también se advierte un efecto grupal[256].

Para Farina, entre los contratos asociativos y los de colaboración existe una relación de género a especie por cuanto todo contrato asociativo será de colaboración pero no a la inversa, es decir: el contrato de colaboración será el género mientras que el contrato asociativo será la especie[257].

Autores como Marzorati son del criterio de que el contrato de distribución es de «colaboración o cooperación porque media una función de cooperación para alcanzar el fin que ha determinado el contrato, sea la venta a terceros del producto»[258].

Podría pensarse que el contrato de distribución se trata de un contrato de colaboración por el hecho de que el distribuidor coopera o colabora con el productor porque, al distribuir sus productos o servicios, actúa no solo su propio interés, sino también el de este en la comercialización de sus productos o servicios. Sin embargo, a criterio de la Cruz esta perspectiva obviaría que la cooperación que caracteriza a los contratos de colaboración ha de ser jurídicamente relevante, al consistir en un actuar por cuenta de otro con eficacia en la esfera jurídica del interesado y ajenidad del colaborador en cuanto al resultado[259].

---

[255] Ídem.
[256] Ídem.
[257] Farina: *op. cit.* (*Contratos comerciales…*), p. 760.
[258] Marzorati: *op. cit.* (*Sistemas de distribución…*), p. 67.
[259] La Cruz et al.: *op. cit.*, p. 317.

El tema ha sido tratado por la jurisprudencia arbitral colombiana, en donde se ha indicado el carácter colaborativo de los contratos de distribución, al definirlos como la evolución de las formas primitivas de intermediación que pretenden la circulación de los bienes y servicios del empresario, relacionados con la producción y el consumo, con una particularidad adicional: buscan un objetivo común, lo cual implica un deber recíproco de colaboración que de ninguna manera menoscaba la independencia y autonomía de los empresarios involucrados en la cooperación[260].

Así mismo, la jurisprudencia arbitral colombiana ha indicado que la confianza recíproca entre el productor y el distribuidor es un elemento indispensable dentro de la relación de colaboración empresarial[261].

3. La actividad precontractual en el contrato de distribución

Si bien el contrato de distribución *per se* es un contrato principal, es de advertirse que las partes podrán celebrar contratos preparatorios, precontratos e inclusive contratos accesorios.

La distribución es un mecanismo para hacer negocios, y como tal, resulta indispensable que los interesados realicen un estudio profundizado de las ventajas y desventajas que conlleva la celebración del contrato, para lo cual las partes suelen celebrar algunos precontratos antes de suscribir el contrato principal, es decir, el contrato de distribución.

Así, el productor, antes de celebrar el contrato de distribución querrá, por ejemplo, revisar la información financiera del potencial distribuidor para conocer su capacidad de pago y nivel de endeudamiento; verificar

---

[260] Laudo arbitral entre Comcelulares F. M. LTDA. y Comunicación Celular S. A., Comcel S. A. 14 de diciembre de 2006. Bogotá, p. 75.
[261] Ibíd., p. 77.

el cumplimiento por parte de este de obligaciones legales y parafiscales; conocer si tiene algún juicio pendiente que podría comprometer su patrimonio y, por consiguiente, el correcto funcionamiento de la distribución; conocer las instalaciones físicas en donde se pretende almacenar los productos para constatar si se cumplen con las exigencias mínimas; verificar si el potencial distribuidor ha celebrado otros contratos de distribución y conocer cuál ha sido su experiencia.

Por su parte, el potencial distribuidor necesitará, por ejemplo, tener acceso a detalles necesarios para verificar si le conviene el negocio, tales como el volumen previsto, costos, márgenes de lucro, marcas registradas e involucradas en la distribución.

En fin, el potencial distribuidor querrá verificar la solidez y reputación del distribuido, así como verificar que se trate de un negocio que le genere los beneficios esperados.

La celebración de un contrato de distribución implica un intercambio mutuo de documentación e información detallada y en la mayoría de las veces confidencial, razón por la cual las partes suelen colocar mucho cuidado con el suministro de este tipo de información y documentación, ya que su incorrecto manejo podría causarles daños, inclusive irreparables. Además, ambas partes suelen hacer una inversión económica y de tiempo, que lógicamente quisieran garantizar mediante un compromiso previo.

Si bien la celebración de precontratos es poco usual en otro tipo de negocios, es característico en la distribución, especialmente cuando se trata de distribución a gran escala y de productos que cuentan con el respaldo de marcas conocidas. No obstante, vale la pena resaltar que la celebración de precontratos dependerá definitivamente del caso en concreto.

Surge así, una fase normalmente denominada «precontractual» en donde tanto el potencial distribuidor como el productor, requieren cierto tiempo para obtener más información antes de formalizar la contratación de la distribución, razón por la cual las partes suelen celebrar precontratos, tales como: acuerdo de confidencialidad, acuerdo de *Due Diligence*, carta de intención, entre otros.

Durante la fase precontractual las partes no quedan obligadas sino hasta los límites del precontrato que decidan suscribir, ya que se encuentran animadas por una voluntad de discusión y análisis. Así, luego de superar dicha fase, en donde debieron comportarse de buena fe, las partes estarán en libertad de decidir si van a celebrar o no el contrato de distribución.

Recordemos que el contrato de distribución es un contrato consensual, por lo que se perfecciona por el mero consentimiento de las partes, surgiendo desde ese momento la obligación de ejecutar las prestaciones prometidas.

Si bien la recomendación es que el contrato de distribución sea por escrito por la complejidad del negocio jurídico, en la práctica es usual que el contrato suela perfeccionarse después de prolongadas negociaciones, y que los contratantes inicien la ejecución sin firmar un contrato escrito, basándose en acuerdos verbales.

Capítulo V
REQUISITOS PARA LA EXISTENCIA Y VALIDEZ DEL CONTRATO DE DISTRIBUCIÓN

1. Introducción

Una vez analizado el contrato de distribución según la clasificación general de los contratos, resulta necesario analizar los requisitos necesarios para la existencia del contrato de distribución.

No existe una teoría general de las obligaciones y de los contratos mercantiles distinta a la contenida en el Código Civil, y que la relación entre la materia mercantil y la materia civil es la de ley especial con respecto a la ley general.

Los requisitos para la existencia del contrato mercantil de distribución se encuentran establecidos en el Código Civil, el cual organiza los requisitos generales para la existencia de cualquier contrato en dos grandes categorías: a) Requisitos de existencia, entre los cuales enumera el consentimiento, objeto y causa (artículo 1141), y b) requisitos de validez, que serían la capacidad de los contratantes y la ausencia de vicios del consentimiento (artículo 1142)[262].

2. Requisitos de existencia

El artículo 1141 del Código Civil establece como requisitos de existencia del contrato, al consentimiento, a un objeto idóneo y a una causa lícita.

---
[262] MÉLICH-ORSINI: *op. cit.*, p. 63.

Tal y como indican Maduro Luyando y Pittier Sucre[263], si se observan con detenimiento los elementos esenciales de existencia de un contrato, encontraremos que cada uno de ellos responde a una pregunta distinta relativa a las contingencias de ese contrato.

Así tenemos que el objeto del contrato responde a la pregunta: ¿Qué debemos? ¿Qué se ha querido?, o sea, como decían los romanos, el *quid debetur*. El consentimiento responde a la pregunta: ¿Se ha querido? Y la causa responde a la pregunta: ¿Por qué se ha querido?, o como decían los romanos, el *cur debetur*.

En este sentido, a continuación se procederá con el análisis de cada uno de los requisitos de existencia del contrato exigidos por el artículo 1141 del Código Civil, a los fines de responder a las referidas preguntas enfocadas particularmente al contrato de distribución.

2.1. *Consentimiento*

De conformidad con lo establecido en el artículo 1141.1 del Código Civil, el consentimiento de las partes constituye una de las condiciones requeridas para la existencia del contrato.

Según Palacios Herrera[264], el término «consentimiento» viene del latín *cum sentire*, y de ella existen dos acepciones; la primera considera el consentimiento equivalente al *consensus*, al acuerdo de voluntades, la segunda (la acogida por el legislador) entiende por «consentimiento» el acto de volición de cada parte por el cual adhiere a los términos del contrato.

---

[263] Maduro Luyando y Pittier Sucre: *op. cit.*, p. 708.
[264] Palacios Herrera, Oscar: *Apuntes de Obligaciones*. Tomo I. Caracas. 1956, p. 343.

El referido autor define al consentimiento como una «condición esencial a la existencia del contrato, y, como regla general, es una condición suficiente, en el sentido de que no se requieren otras formalidades aparte del acuerdo de voluntades de los contrayentes», haciendo la salvedad que en los contratos reales y en los solemnes se necesita, además, la entrega de la cosa o el cumplimiento de las formalidades exigidas en la ley.

En esta misma línea, Maduro Luyando y Pittier Sucre[265] definen al consentimiento como «el acuerdo de voluntades para crear obligaciones, es una manifestación de voluntad liberada, consciente y libre, que expresa el acuerdo de una persona respecto de un acto externo ajeno».

Siguiendo al autor italiano Messineo[266], el consentimiento es un elemento complejo que presupone la concurrencia de los siguientes requisitos: a. La presencia, cuando menos, de dos distintas declaraciones de voluntad que emanen de opuestos centros de intereses y que, a su vez, deben reunir ciertos requisitos (haber sido emitidas expresa o tácitamente y no estar viciadas). b. Cada declaración no solo debe ser emitida válidamente, sino además comunicada a la otra parte, para que la misma tome conocimiento de ella y entienda su significado. c. Las dos declaraciones de voluntad deben combinarse e integrarse recíprocamente.

Las partes deben expresar libremente su intención de contratar, libre de error, fuerza o dolo, consentimiento que se observa en la negociación del contenido del contrato o, como sucede en los contratos de adhesión, en la aceptación o rechazo de las cláusulas contractuales.

De tal manera que, siguiendo a lo indicado por Maduro Luyando y Pittier Sucre[267], el consentimiento responde a la pregunta ¿Se ha querido?,

---

[265] Maduro Luyando y Pittier Sucre: *op. cit.*, p. 609.
[266] Messineo: *op. cit.* (*Doctrina general...*), p. 92.
[267] Maduro Luyando y Pittier Sucre: *op. cit.*, p. 708.

y en el contrato de distribución, la respuesta sería que tal acto volitivo existe, pues el productor y el distribuidor han otorgado su consentimiento.

2.2. Objeto

De conformidad con lo establecido en el artículo 1141.2 del Código Civil, el objeto que pueda ser materia de contrato constituye una de las condiciones requeridas para la existencia del contrato.

Sin pretender profundizar sobre la discusión que existe en la doctrina respecto al hecho de que el objeto sea considerado como elemento del contrato, lo cual, según indican MADURO LUYANDO y PITTIER SUCRE[268], ha dividido a la doctrina en dos grandes vertientes —quienes opinan que estudiar el objeto del contrato no sería más que estudiar el objeto de la obligación, y referirse a la noción de objeto sería poco técnico e impreciso, y quienes opinan que existen bases para diferenciar el objeto del contrato del objeto de la obligación—, a los efectos del presente análisis se seguirá el criterio de la mayoría de la doctrina, que, según MADURO LUYANDO y PITTIER SUCRE[269], es la de quienes consideran que el objeto del contrato es el objeto de las obligaciones nacidas del contrato.

En este sentido, PALACIOS HERRERA indica que «el contrato tiene por objeto exclusivamente el constituir, reglar, modificar, transmitir o extinguir obligaciones. Ahora, son estas obligaciones, constituidas, regladas, modificadas, transmitidas o extinguidas, las que tienen objeto. De modo pues, que cuando el Código habla del objeto del contrato, en realidad se está refiriendo al objeto de las obligaciones provenientes de un contrato»[270].

---

[268] Ibíd., pp. 686 y 687.
[269] Ibíd., p. 687.
[270] PALACIOS HERRERA: *op. cit.*, p. 319.

En la misma línea se pronuncian Maduro Luyando y Pittier Sucre[271], al indicar que no existe duda alguna que por el objeto de una obligación debe entenderse «la prestación, y por ésta, la actividad o conducta que el deudor se comprometa a realizar en obsequio o beneficio de su acreedor».

El objeto coincide en su clasificación con las diversas clasificaciones de las prestaciones estructuradas por la doctrina, las cuales son principalmente cuatro: i. prestaciones de dar, hacer y no hacer; ii. prestaciones positivas y negativas; iii. prestaciones de medio y de resultado, y iv. prestaciones que tienen por objeto la transmisión de un derecho al acreedor y prestaciones que consisten en la realización por el deudor de una actividad o conducta que puede consistir en un hecho positivo o negativo[272].

Vale la pena indicar que, de acuerdo con lo establecido en el artículo 1155 del Código Civil, el objeto debe cumplir con los siguientes requisitos: i. debe ser posible, ii. debe ser lícito y iii. deber ser determinado o determinable.

Si bien las obligaciones de las partes en el contrato de distribución serán analizadas más adelante, vale la pena señalar que dicho contrato tiene fundamentalmente por objeto prestaciones de «hacer» consistentes en la comercialización de productos o servicios que el distribuidor adquiere del productor para ampliar los negocios de este en un mercado determinado, para lo cual se requiere la colaboración especializada del distribuidor.

En este sentido, siguiendo a lo indicado por Maduro Luyando y Pittier Sucre[273], el objeto del contrato responde a la pregunta: ¿Qué debemos? ¿Qué se ha querido?, o sea, como decían los romanos, el *quid debetur*, y en el contrato de distribución las repuestas serían: por parte del productor, que se le debe el precio de los productos vendidos al distribuidor, mientras que del lado del distribuidor, que se le deben los productos que debe distribuir.

---

[271] Maduro Luyando y Pittier Sucre: *op. cit.*, p. 687.
[272] Ibíd., p. 688.
[273] Ibíd., p. 708.

2.3. *Causa*

De conformidad con lo establecido en el artículo 1141.3 del Código Civil, la causa lícita constituye una de las condiciones requeridas para la existencia del contrato. Al igual que como ocurre con el objeto, la causa como requisito para la existencia del contrato, también ha sido objeto de numerosas divergencias en la doctrina, inclusive en cuanto a su existencia, lo que ha dado lugar a distintas interpretaciones[274], temas que escapan del objeto del presente trabajo.

Lo cierto es que la cusa es un elemento del contrato indispensable a su existencia, «manifiestamente distinto del objeto y del consentimiento, siendo un elemento independiente y autónomo»[275] del objeto y del consentimiento, ya que «no basta con que exista un objeto ni tampoco con que se otorgue el consentimiento; es necesario que exista una razón o fin perseguido al contratar. Esa razón o fin está configurado por la causa (causa final)»[276].

Siguiendo lo indicado por MADURO LUYANDO y PITTIER SUCRE[277], la causa responde a la pregunta: ¿Por qué se ha querido?, o como decían los romanos, el *cur debetur*, que en el contrato de distribución la razón o motivo de su celebración es la comercialización de los productos en un mercado determinado.

3. REQUISITOS DE VALIDEZ

De conformidad con lo establecido en el artículo 1142 del Código Civil son: la capacidad de los contratantes y la ausencia de vicios del consentimiento[278].

---

[274] Ibíd., p. 709.
[275] Ídem.
[276] Ídem.
[277] Ibíd., p. 708.
[278] MÉLICH-ORSINI: *op. cit.*, p. 63.

3.1. *Capacidad de los contratantes*

Cuando el Código Civil hace referencia a la capacidad de las partes contratantes como requisito esencial para la validez de los contratos, se está refiriendo a la capacidad negocial, también conocida en la doctrina bajo el nombre de «capacidad contractual»[279].

MADURO LUYANDO y PITTIER SUCRE definen a la capacidad contractual o negocial como «la medida de la aptitud de un sujeto de derecho para realizar por su propia voluntad negocios jurídicos válidos que afecten sus propios intereses»[280].

Si bien la capacidad contractual reúne algunos caracteres derivados de la propia estructura de la noción general de capacidad, adquiere caracteres particulares en materia de contratos; dichos caracteres son[281]:

> i. La capacidad es la regla y la incapacidad es la excepción. La regla es la establecida en el artículo 1143 del Código Civil, el cual establece que «pueden contratar todas las personas que no estuvieren declaradas incapaces por la ley». ii. Las normas que establecen la incapacidad son de orden público, lo cual significa que no pueden ser alteradas ni relajadas por convenios particulares. iii. Las normas que consagran la incapacidad no obstante ser de orden público, son dictadas en beneficio y protección de los propios incapaces. iv. La incapacidad contractual produce la anulabilidad del contrato, la cual no se produce sino a instancia de la parte en cuyo favor se ha establecido la nulidad, con lo cual se tratará de una nulidad relativa.

La capacidad de contratar, como cualidad general del sujeto, es tratada por el ordenamiento jurídico a través de un conjunto de normas que

---

[279] MADURO LUYANDO y PITTIER SUCRE: *op. cit.*, p. 596.
[280] Ibíd., p. 597.
[281] Ídem.

condicionan su adquisición o pérdida a la sobreveniencia de ciertas situaciones de hecho[282], de las cuales vale la pena mencionar:

La capacidad de ejercicio de contratar se logra con la mayoría de edad, salvo las excepciones establecidas en la ley, casos en los cuales «puede decirse que el sujeto afectado de una incapacidad general de ejercicio ha sido dotado por la ley de una capacidad especial de ejercicio en lo que concierne al acto o contrato del caso»[283].

Una persona dotada de capacidad general de ejercicio puede perderla totalmente por «la sobreveniencia de ciertos hechos que afecten su aptitud de entender y de querer, como ocurre en el caso del mayor de edad que sea declarado entredicho (...) o como consecuencia de una sanción accesoria a ciertas penas graves (...) pero sin que se dé tal pérdida total de su capacidad general de ejercicio, ésta puede resultar simplemente modificada, tal como ocurre con los inhabilitados por debilidad de entendimiento o por prodigalidad»[284].

El contrato de distribución usualmente es celebrado mediante apoderados, que si bien el punto será tratado más adelante, vale la pena indicar las definiciones de «poder de representación» y de «legitimación».

El poder de representación es la «facultad de producir directamente efectos sobre el patrimonio de otra personas mediante negocios jurídicos celebrados en nombre suyo»[285]; y se encuentra estrechamente relacionado con la legitimación para contratar, entendida como «la idoneidad atribuida al sujeto del contrato para alcanzar los efectos que este último se propone, en

---

[282] MÉLICH-ORSINI: *op. cit.*, p. 78.
[283] Ídem.
[284] Ídem.
[285] Ibíd., p. 82.

función de su singular posición respecto de los intereses a los que se refiere el contrato o a los otros sujetos que intervienen en éste»[286].

Es por ello que se recomienda verificar que el apoderado cuente con los poderes necesarios para comprometer los intereses a los que se refiere el contrato de distribución. Cuando se trata de personas jurídicas el poder debe haber sido conferido por los «órganos» de dicha persona jurídica legitimados para ejercerlos[287].

La capacidad para contratar se requiere en el momento de la declaración de la voluntad del contratante; es por ello que Mélich-Orsini recomienda que «en el momento de hacer a otro una oferta o de aceptar una oferta que se nos haga debemos cuidarnos, pues, no solo de nuestra propia capacidad, sino de verificar también que el destinatario de nuestra oferta o de nuestra aceptación tenga también la capacidad requerida. De otro modo arriesgamos que el contrato sea posteriormente anulado (o aun declarado inexistente o nulo de nulidad absoluta si se tratase de una incapacidad especial de goce o de falta de legitimación para contratar)»[288].

3.2. *Ausencia de vicios del consentimiento*

No basta que se configuren los elementos esenciales a la existencia del contrato de distribución (consentimiento, objeto y causa), o que se cumpla con la capacidad de los contratantes como requisito de validez, también es necesario que el consentimiento otorgado por las partes sea válido.

El consentimiento válido implica que las manifestaciones de voluntad de las partes contratantes estén exentas de irregularidades, anormalidades o vicios que invaliden el consentimiento otorgado por ellas[289].

---

[286] Ídem.
[287] Ibíd., p. 95.
[288] Ibíd., p. 93.
[289] Maduro Luyando y Pittier Sucre: *op. cit.*, p. 623.

Tal y como lo indican Maduro Luyando y Pittier Sucre, el estudio de las causas, motivos o circunstancias capaces de anular el consentimiento otorgado por las partes contratantes ha sido objeto de estudio por la doctrina, que para ello ha estructurado la teoría sobre los vicios del consentimiento, la cual «tiene por objeto determinar en primer término cuáles circunstancias son aquellas suficientes para invalidar dicho consentimiento, y en segundo lugar, estudiar los efectos que dichas circunstancias producen sobre el contrato celebrado por las partes»[290].

La teoría de los vicios del consentimiento se refiere a los motivos que terminan perturbando el proceso psíquico de formación de la voluntad; estableciéndose una verdadera relación de causalidad entre estos motivos y el acto de voluntad, al punto de considerarse que no se habría producido este último si no hubiese actuado el motivo perturbador[291]. Sin pretender profundizar sobre la teoría de los vicios del consentimiento, vale la pena señalar que el artículo 1142 consagra la nulidad del contrato por vicios del consentimiento, y que el artículo 1146 *eiusdem* señala como causas expresas de nulidad del contrato, el error, el dolo y la violencia.

El error consiste en «una falsa apreciación de la realidad, en creer falso lo verdadero o verdadero lo falso»[292], y debe ser: espontáneo, excusable, esencial, unilateral o común a ambas partes y debe ser reconocible por la otra parte. El dolo es «el error provocado por las maquinaciones o actuaciones intencionales de una de las partes o de un tercero a fin de lograr que la otra parte se decida a contratar»[293] y, según la doctrina, debe cumplir con los siguientes requisitos: debe ser una conducta intencional, debe ser causante, debe emanar de la otra parte contratante o de un tercero con su conocimiento[294].

---

[290] Ibíd., pp. 623 y 624.
[291] Mélich-Orsini: *op. cit.*, p. 135.
[292] Maduro Luyando y Pittier Sucre: *op. cit.*, p. 628.
[293] Ibíd., p. 646.
[294] Ibíd., pp. 649-651.

La violencia es «toda coacción de tipo físico o de tipo moral destinada a obtener el consentimiento de una persona a fin de que celebre un determinado contrato»[295] y debe ser determinante e injusta[296]. La violencia como el dolo, constituyen un hecho ilícito, razón por la cual la víctima cuenta con dos acciones: la nulidad del contrato y la acción por reparación del daño causado[297].

---

[295] Ibíd., p. 656.
[296] Ibíd., pp. 657-660.
[297] Ibíd., p. 656.

Capítulo VI
OBLIGACIONES DE LAS PARTES EN EL CONTRATO DE DISTRIBUCIÓN

1. INTRODUCCIÓN

La presente obra se centra en los contratos suscritos entre los productores, fabricantes, importadores o proveedores, por una parte, y los distribuidores, mayoristas o minoristas, por otra, para la comercialización de un producto o de un servicio, que constituyen el objeto específico del llamado Derecho de la distribución comercial.

De tal manera que el contrato de distribución en su sentido estricto comprende dos partes, el productor y el distribuidor, cuyos conceptos ya fueron analizados en la precisión terminológica del presente trabajo.

TURRIN[298] indica que por tratarse de un contrato de colaboración, se debe resaltar que existe un conjunto de obligaciones para cada sujeto, que no pueden ser concebidas en forma individual, sino integradas a su totalidad para obtener la finalidad económica que tuvieron en miras al contratar.

Según FARINA[299], «la colaboración en este contrato surge de la cooperación que brinda la actividad de una de las partes, al campo de acción de la otra, integrándose en la faz comercial mediante una vinculación en la que no existe subordinación jurídica».

El contrato de distribución genera obligaciones para ambas partes, las cuales deben interpretarse desde la pauta general de buena fe, y con un

---
[298] TURRIN, Daniel: *Contrato de distribución*. Editorial Depalma. Buenos Aires. 1989, p. 200.
[299] FARINA: *op. cit.* (*Contratos comerciales...*), p. 417.

criterio esencialmente colaborativo, ya que el productor y el distribuidor actúan en constante colaboración en aras de obtener un resultado beneficioso a ambos[300].

La buena fe se formula como un criterio general de comportamiento de las partes, inclusive desde esta etapa de negociación, que exige no solamente el veto de una conducta deshonesta, sino que también tiene una exigencia positiva, prestando al contratante todo aquello que ella exige, como deberes de diligencia, cooperación, etc.[301].

Es en esta etapa, donde la buena fe asume en particular el carácter de un deber de información de una parte respecto de la otra, pues cada una de ellas tiene el deber de informar las circunstancias que sean desconocidas para la otra y que puedan resultar determinantes para la prestación de su consentimiento, esto es, aquellas por las cuales la otra parte si las hubiese conocido no habría contratado o habría contratado bajo condiciones diversas[302].

De tal manera que el deber recíproco de colaborar y de cumplir con buena fe constituye la principal obligación inherente a ambas partes[303].

Sin embargo, tal y como lo indica Mélich-Orsini, la noción de «parte» se opone a la de «terceros», entendiéndose por estos «aquellos sujetos que no han intervenido en el acuerdo de voluntades y a los cuales, por lo mismo, no pueden pretender aplicárseles la ley del contrato»[304].

---

[300] Marzorati y Molina: *op. cit.*, pp. 54 y 55.
[301] Díez-Picazo, Luis: *La doctrina de los propios actos*. Editorial Bosch. Barcelona (España). 1963, p. 139.
[302] Galgano, Francisco: *El negocio jurídico*. Editorial Tirant lo Blanch. Valencia. 1992, p. 461.
[303] Farina: *op. cit.* (*Contratos comerciales…*), p. 417.
[304] Mélich-Orsini: *op. cit.*, p. 65.

En este sentido, Mélich-Orsini alerta que sería erróneo creer que la noción de parte coincide con la de «autor inmediato de la declaración de voluntad que ocurrió a la formación del contrato», pues el artículo 1169 del Código Civil establece que los efectos de tal declaración pueden a veces producirse, no en cabeza de quien la emitió, sino directamente en provecho y en contra del representado, o sea, de otro sujeto que no estuvo presente en el acto de celebración del contrato. Se trata, entonces, de la hipótesis de la «representación», en la cual la parte no sería el representante, que, sin embargo, fue el autor del contrato, sino el representado en nombre o por cuenta de quien el primero actuó[305].

Tal y como se indicó con anterioridad, el objeto del contrato es el objeto de las obligaciones nacidas del contrato, razón por la cual a continuación se realizará un análisis detallado de los derechos, deberes y obligaciones del productor y del distribuidor en el contrato de distribución.

2. Situación jurídica del productor

A continuación, se realizará el análisis de la situación jurídica del productor, desde sus derechos hasta sus deberes y obligaciones; sus limitaciones serán analizadas en el capítulo siguiente.

2.1. *Derechos del productor*

Marzorati y Molina[306] indican que el productor tiene los siguientes derechos:

i. Determinación del precio de venta a terceros del producto
La práctica comercial ha establecido que el productor es quien determina el precio de venta a terceros de los productos distribuidos[307], ya que tiene

---

[305] Ibíd., p. 66.
[306] Marzorati y Molina: *op. cit.*, pp. 26-32.
[307] Farina: *op. cit.* (*Contratos comerciales…*), p. 417.

especial interés en controlar el precio de venta a los consumidores finales; situación que trae como consecuencia que la contraprestación que le corresponde recibir al distribuidor en virtud del contrato de distribución, sea decidida en forma unilateral por el productor[308].

De tal manera que el valor de reventa será superior al valor de venta al distribuidor, ya que allí se encontrará cargado el margen de reventa autorizado al distribuidor.

Según Marzorati y Molina[309], la determinación unilateral del precio de venta ha llevado a sostener la invalidez de la fijación del precio por aplicación analógica de reglas prohibitivas previstas en materia de compra venta; no obstante, opinan que es más apropiado invalidar la determinación unilateral solo si es arbitraria y no responde a razones objetivas.

En Venezuela, este derecho pasó a ser una obligación para el productor, mediante la publicación de la Providencia Administrativa N.º 057[310], la cual fue derogada por la Providencia Administrativa N.º 070/2015 de fecha 25 de octubre de 2015 dictada por la Superintendencia Nacional para la Defensa de los Derechos Socioeconómicos (Sundde), mediante la cual se reguló las «Modalidades para la Determinación, Fijación y Marcaje de Precios en todo el Territorio Nacional»[311].

La Providencia 070/2015 tiene por objeto «establecer el régimen ordinario para la regulación sobre determinación, fijación y marcaje de precios para los bienes y servicios comercializados en el territorio nacional» (artículo 1)

---

[308] Marzorati y Molina: *op. cit.*, p. 26.
[309] Ídem.
[310] *Gaceta Oficial de la República Bolivariana de Venezuela* N.º 40547, del 24 de noviembre de 2014.
[311] Publicada en la *Gaceta Oficial de la República de Venezuela* N.º 40774, del 26 de octubre de 2015, la cual fue reimpresa por error material, y publicada en la *Gaceta Oficial* N.º 40775, del 27 de octubre de 2015, el lo sucesivo «Providencia 070/2015».

y aplica a toda persona natural o jurídica de las indicadas en el artículo 2 del Decreto con rango, valor y fuerza de Ley Orgánica de Precios Justos» (artículo 2.1), es decir, aplicará a las personas naturales y jurídicas públicas o privadas, nacionales o extranjeras, que desarrollen actividades económicas en la República, a excepción de los sujetos que: por la naturaleza propia de sus actividades, se rijan por normativa legal especial y los que «sean excepcionados» por el presidente de la República con ocasión de planes de desarrollo regional o tratados y convenios válidamente suscritos por la República.

Las categorías de precios regulados en la Providencia 070/2015 son los siguientes:

a. Precio Máximo de Venta del Productor o Importador (P$_{MVPI}$): Es el precio más alto, expresado en bolívares, que puede asignar a determinado bien o servicio, el sujeto de aplicación que produce o importa dicho bien (artículo 2.2). Debe ser determinado y fijado por el sujeto de aplicación que produce o importa el bien con el fin de comercializarlo entre otros sujetos de aplicación encargados de su venta al usuario final. El productor o importador no puede vender al sujeto de aplicación que adquiere con fines de comercialización al usuario final, bienes o servicios por encima del precio máximo indicado (artículo 3.1).

b. Precio Máximo de Venta al Público (P$_{MVP}$): Es el precio más alto, al cual puede ser comercializado un bien o servicio al usuario o usuaria final, en condiciones de detal (artículo 2.3). Su determinación y fijación corresponde al prestador del servicio, o del productor o importador del bien. Será el resultado de la sumatoria del Precio de Venta del Productor o Importador, más el margen de intermediación que corresponde al resto de los eslabones de la cadena de comercialización, con las restricciones referidas al Margen Máximo de Ganancia y el Margen Máximo de Intermediación establecidas en la Providencia. Sobre dicho precio, el vendedor final podrá otorgar ofertas o descuentos, pero bajo ningún concepto podrá comercializar el bien o servicio por encima de este precio. Como instrumento de control, el Precio Máximo de Venta al Público es un elemento objetivo de determinación de la conducta especulativa, cuando determinado bien o servicio es comercializado por encima de dicho precio máximo (artículo 3.2). Es el precio de comercialización al usuario final de los bienes y servicios en todo el territorio nacional.

    c. Precio Justo: Es el precio determinado y fijado por la Sundde como órgano rector en materia de costos, ganancias y precios, al cual dicha Superintendencia, expresamente, asigne la denominación «Precio Justo». El precio será determinado y fijado sobre la base de las regulaciones establecidas en la Ley Orgánica de Precios Justos, y las que hubiere desarrollado la Superintendencia sobre el particular. Es el precio de comercialización al usuario final de los bienes y servicios en todo el territorio nacional (artículo 3.3).

Es importante destacar, que el artículo 27 de la Ley Orgánica de Precios Justos establece que la política de Precios Justos, está dirigida a los bienes y servicios que se comercialicen en el mercado nacional, y que la Sundde, atendiendo a los lineamientos emanados del Ejecutivo Nacional, establecerá los precios de los bienes y servicios que considere necesarios, en aras de garantizar su disponibilidad y accesibilidad a la población.

Así mismo, el artículo 26 señala que la Sundde podrá, sobre la base de la información aportada por los sujetos de aplicación, o la que obtuviere de sus bases de datos o a través de terceras partes vinculadas entre sí por operaciones, proceder a determinar cualquiera de las modalidades de precio de un bien o servicio, o efectuar su modificación, de oficio o a solicitud del interesado, con carácter general o particular y serán de obligatorio cumplimiento.

Por otro lado, el artículo 28 de la referida Ley Orgánica de Precios Justos establece que la Sundde podrá establecer, con carácter general o particular, o diferenciada por categorías, la obligación del marcaje de precios de acuerdo con su modalidad, y que la regulación sobre dicho particular será dictada directamente por la Sundde mediante Providencia Administrativa, pudiendo además desarrollar la normativa técnica al respecto.

ii. Cobro del precio por provisión del producto
El productor tiene el derecho de percibir el precio de la mercadería remitida al distribuidor[312], se trata del derecho correlativo del pago del precio que debe el distribuidor[313].

iii. Derecho a fiscalizar
El productor se reserva la facultad de fiscalizar la organización empresaria del distribuidor, que puede abarcar los siguientes rubros: «local; personal; medios de transporte; régimen de visitas y entregas a los clientes; formación de stocks y aprovisionamientos; cumplimiento de las prestaciones de publicidad convenidas o que surjan de los usos y costumbres (como la identificación de los vehículos de transporte y de personal afectado a la distribución), y la contabilidad del distribuidor»[314].

2.2. *Deberes y obligaciones del productor*

Así como el productor tiene derechos, también tiene deberes y obligaciones, los cuales se enumeran a continuación:

i. Provisión de productos
El productor debe proveer al distribuidor de los productos a distribuir, en la calidad y cantidad acordada en el contrato, y debe realizarse en el lugar y con la periodicidad pactada. Se trata de una obligación estructural, ya que si el productor no provee los productos a distribuir, el contrato no tiene posibilidad de desarrollarse y las expectativas de ganancia del distribuidor desaparecen[315].

---

[312] FARINA: *op. cit.* (*Contratos comerciales...*), p. 417.
[313] MARZORATI y MOLINA: *op. cit.*, p. 27.
[314] FARINA: *op. cit.* (*Contratos comerciales...*), p. 417.
[315] MARZORATI y MOLINA: *op. cit.*, p. 27.

La obligación de provisión de productos está estrechamente relacionada con la obligación que tiene el productor de entregar un producto idóneo, apto para la finalidad pactada, con su marca publicitada[316].

ii. Respeto de exclusividad

Se trata de una obligación complementaria, y de pactarse la exclusividad, el productor no podrá comercializar por sí o por terceros en la zona asignada al distribuidor los productos distribuidos u otros equivalentes[317]. Es un deber de abstención que, de acuerdo con la doctrina, alcanza la venta directa y la venta por terceros[318].

Los pactos de exclusividad son frecuentes en la práctica comercial; por estos pactos, el fabricante se compromete a no vender o suministrar sus productos o servicios sino a un distribuidor determinado o a varios[319].

La exclusividad es un elemento natural del contrato de distribución comercial. A criterio de Marzorati, «la cláusula de exclusividad puede ser estipulada o no, tal como ocurre en gran variedad de contratos, y ser unilateral o bilateral»[320].

En este sentido, la exclusividad no necesita ser pactada de manera expresa, dado los caracteres consensual y no formal del contrato, que prevén como posible la perfección del contrato de manera tácita y verbal.

Tal y como lo indica Marzorati, la cláusula de exclusividad es válida solamente entre las partes contratantes, pero no es oponible a terceros[321], criterio que comparte la jurisprudencia de Costa Rica, tal y como se

---

[316] Farina: *op. cit.* (*Contratos comerciales...*), p. 417.
[317] Ídem.
[318] Marzorati y Molina: *op. cit.*, p. 28.
[319] Morles Hernández: *op. cit.*, t. i, p. 451.
[320] Marzorati: *op. cit.* (*Sistemas de distribución...*), p. 66.
[321] Ibíd., p. 95.

evidencia del siguiente extracto: «El contrato (...) surte efectos legales únicamente entre las partes contratantes, sin que puedan alcanzar a terceros ni derivarse de él que la exclusividad otorgada a la actora, vende a otras personas o empresas la importación y venta de los vehículos con la relacionada marca»[322].

Vale la pena acotar que el artículo 9 del Decreto con rango, valor y fuerza de Ley Antimonopolio establece que el productor no podrá suscribir acuerdos, decisiones o recomendaciones colectivas o prácticas concertadas para repartir los mercados, áreas territoriales, sectores de suministro o fuentes de aprovisionamiento, entre competidores.

Por su parte, la Resolución N.º SPPLC/036-95 del 28 de agosto de 1995[323] establece en su artículo 1 que se exceptúa de la prohibición arriba indicada, a los contratos de distribución exclusiva, no quedando amparado por dicha excepción los contratos de distribución exclusiva en los que:

> a. El distribuidor sea a su vez competidor del proveedor en la producción de los productos identificados en el contrato. b. Los productos identificados en el contrato solo pueden ser obtenidos por los clientes a través del distribuidor, y además no puedan proveerse de productos competidores dentro o fuera del territorio asignado. c. Los productos identificados en el contrato no se encuentren sometidos, en el territorio concedido, a la competencia efectiva de productos competidores, es decir, de productos idénticos o similares por razón de sus propiedades sus usos y sus precios. d. El acceso al mercado relevante de otros proveedores de productos competidores sea restringido. e. El proveedor determine de modo directo o indirecto los precios o condiciones de contratación para la reventa a terceros de los productos identificados en el contrato. f. El contrato se celebre por duración indeterminada o superior a cinco años.

---

[322] Sala Primera de la Corte Suprema de Justicia de Costa Rica, sent. N.º 216, del 06-12-91.
[323] *Gaceta Oficial de la República de Venezuela* N.º 35801, 21 de septiembre de 1995.

En este orden de ideas, el artículo 4 de la Resolución N.º SPPLC/036-95 antes identificada establece que los contratos de distribución exclusiva que no se vean amparados por la excepción prevista en el artículo 1, podrán ser objeto de una autorización individual por parte de la Superintendencia para la Promoción y Protección de la Libre Competencia previa solicitud de los interesados.

Tal y como se puede apreciar, las normas antes señaladas constituyen una limitación al libre desenvolvimiento de la voluntad de las partes respecto a la posibilidad de pactar la exclusiva en los contratos de distribución, razón por la cual el tema será analizado más adelante.

iii. Deber de información

El productor debe informar al distribuidor el valor de venta del producto o servicio, con antelación suficiente, así como sus variaciones[324]. Las variaciones del precio pueden afectar la estructura de costos y la rentabilidad del negocio para el distribuidor, por lo que deben ser notificadas con suficiente anticipación[325].

iv. Colaboración publicitaria

Por tratarse de un contrato de colaboración, ambas partes tienen interés en la captación del mercado, por lo que contractualmente el productor puede asumir compromisos publicitarios, con el fin de asistir al distribuidor en la estrategia de colocación de sus productos[326].

v. Pago de indemnización por terminación anticipada

El elemento tiempo tiene un rol preponderante en el contrato de distribución, ya que este tipo de contratos tienen intrínseca una cierta perdurabilidad en el tiempo[327].

---

[324] Farina: *op. cit.* (*Contratos comerciales...*), p. 417.
[325] Marzorati y Molina: *op. cit.*, p. 28.
[326] Ídem.
[327] Marzorati y Molina: *op. cit.*, p. 327.

En el contrato de distribución, las partes tienden a darle nacimiento a relaciones jurídicas que perduren, en donde resulta esencial una vinculación estable, ya sea a tiempo determinado o a tiempo indeterminado, razón por la cual la doctrina coincide en catalogarlos como contratos de duración[328].

El contrato de distribución es un contrato de duración, ya que usualmente tiene como consecuencia múltiples e importantes inversiones, cuya amortización requiere de tiempo.

En el contrato de distribución es esencial la vinculación estable entre las partes. Por lo cual, generalmente, cuando las partes celebran el contrato de distribución lo hacen teniendo en cuenta la continuidad del desarrollo del contrato, con un sentido de permanencia[329].

Durante la relación comercial entre el productor y el distribuidor existen múltiples circunstancias y hechos que pueden dar lugar a la terminación intempestiva del contrato de distribución, sea por tiempo indeterminado o determinado; y existen distintas posiciones en la doctrina en cuanto a la posibilidad de que la terminación implique el pago de una indemnización.

La terminación es la facultad que tienen las partes de poner fin unilateralmente y por su sola voluntad al vínculo contractual, sin necesidad de expresar la causa[330].

Es importante analizar por separado si se trata de un contrato de distribución a tiempo indeterminado o a tiempo determinado:

---

[328] LAVALLE COBO, Dolores y LAVALLE COBO, Jorge: *Contrato de distribución: deberes de las partes durante el plazo de preaviso de rescisión*. Editorial La Ley. 1996, p. 337.
[329] Ídem.
[330] URRETS, Pedro: «Indemnización por ruptura intempestiva del contrato de distribución comercial». *Cuaderno del Departamento de Derecho Comercial y de la Navegación*. N.° 3. 2000, p. 83.

Terminación anticipada unilateral de un contrato de distribución a tiempo indeterminado: Es pacífica la doctrina y jurisprudencia extranjera en reconocer al productor el derecho de terminar en cualquier momento un contrato de distribución por tiempo indeterminado, así como también en que dicha facultad no puede ser ejercida en forma abusiva, desconsiderada ni desmedida, salvo que hubiera habido un incumplimiento determinante o doloso[331]. En Costa Rica, la jurisprudencia ha establecido que:

> … no es admisible mantener vinculadas a las partes en forma indefinida. Por ello, tratándose de este tipo de relación obligatoria, es admisible la decisión unilateral de una de las partes como causa de extinción del contrato. Se trata de una facultad que no tiene que fundarse en ninguna causa especial (…) Claro está, el ejercicio de esta facultad debe realizarse mediante una declaración de voluntad que ha de ser recepticia y, además, de buena fe, respetando un plazo de preaviso, el cual si no ha sido expresamente establecido en la reglamentación contractual, deberá regirse por los usos y costumbres o por el tiempo necesario para que, dada la naturaleza de la relación comercial que se quiera finalizar, la otra parte pueda tomar las medidas oportunas sin ser sorprendida por la decisión unilateral de la otra (…) Asimismo, la doctrina jurídica que ha analizado este tipo de contrato, concuerda en afirmar que una de las causas de extinción de la relación de distribución, cuando no exista un término final, es precisamente la voluntad unilateral de cualquiera de las partes, dando un aviso oportuno antes de la terminación del vínculo…[332].

En este orden de ideas, la doctrina ha señalado que para considerar legítimo el ejercicio de la facultad de terminación por parte de uno de los contratantes, es necesario que ello no configure un ejercicio irregular o abusivo de la prerrogativa concedida; «en materia de terminación de contratos de distribución, podría verificarse una situación abusiva, cuando

---

[331] Marzorati y Molina: *op. cit.*, p. 307.
[332] Sala Primera de la Corte Suprema de Justicia de Costa Rica, sent. N.º 1, del 05-01-94.

una de las partes ejerce esta facultad extintiva del contrato de manera contraria a los límites impuestos por la buena fe y la moral»[333].

Parte de la doctrina es del criterio de que lo ilegítimo o ilícito no es la terminación contractual en sí misma, ya que en los contratos de distribución a término indeterminado, las partes no podrían pretender estar vinculadas eternamente, y cualquiera de ellas entonces tendría la facultad para terminarlo, pero ella debe ser ejercida bajo ciertos parámetros para que no sea tildada de ilegítima o abusiva[334], es decir, debe otorgarse un plazo razonable de preaviso a la otra parte (para que esta última pueda reacomodar su actividad comercial a las nuevas circunstancias fácticas respecto del término de aquel), la facultad de terminación deber ser de buena fe y no configurar un ejercicio abusivo de tal derecho[335].

De tal manera que, para este sector de la doctrina, si se respetan los parámetros indicados, la terminación debe ser considerada legítima y, por ello, no constituye el presupuesto necesario para que el contratante terminado pueda impetrar una indemnización por daños, al menos no fundado en este hecho[336].

Según indica FARINA, la institución del preaviso en materia de contratos de distribución debe ser entendida como el medio a través del cual una de las partes le comunica a la otra que el día dispuesto (el que se haya determinado en el caso concreto) el contrato queda sometido a esa fecha de vencimiento; pero, a la vez, el contrato continúa vigente hasta ese momento, pues en nada se alteran los derechos y obligaciones de las partes, que continúan vigentes hasta el momento en que se extinga definitivamente la relación contractual[337].

---

[333] MARZORATI y MOLINA: *op. cit.*, p. 228.
[334] Ibíd., p. 284.
[335] Ibíd., p. 290.
[336] Ídem.
[337] FARINA, Juan M.: *Resolución del contrato en los sistemas de distribución*. Buenos Aires. Editorial Astrea, p. 131.

No existe discusión en la doctrina respecto al concepto antes indicado de la institución del preaviso, y en señalar que el mismo no se encuentra sujeto a solemnidad ni requisito formal alguno, bastando que lo comunicado sea claro y expreso[338].

Sin embargo, existen posiciones encontradas respecto a la posibilidad de indemnizar o no a la parte a quien se le termina el contrato. FARINA[339] opina que la completa exención de responsabilidad del productor por haber preavisado al distribuidor ha recibido serios y agudos cuestionamientos, inclusive en la jurisprudencia argentina.

En este sentido, FARINA, al referirse al fallo del Tribunal de Costa Rica anteriormente señalado, indicó lo siguiente: «Según el mencionado fallo, el plazo razonable de "preaviso" tiene por objeto "dar al perjudicado la posibilidad de re-organizar su actividad". Este sería el "reacomodamiento" del cual habla este mismo fallo. El fallo reconoce que, con preaviso o sin él, el distribuidor siempre será un perjudicado pero entiende que (con un aviso previo...) el distribuidor, a pesar de ser un perjudicado, no merece indemnización, pues tendrá tiempo para reorganizar su actividad mediante el "reacomodamiento" de la empresa y de este modo superar su perjuicio. ¡Qué fácil! Es admirable el optimismo que trasunta esta sentencia, totalmente divorciado de la realidad y, además, porque este supuesto "reacomodamiento" resulta prácticamente imposible durante el plazo del preaviso»[340].

Dicho autor sustenta que la ruptura o terminación unilateral del contrato por parte del productor, a pesar del preaviso o notificación previa, siempre provoca u ocasiona daños y perjuicios al distribuidor, dado que el preaviso no tiene el mérito de eliminar, enervar o hacer desaparecer estos, porque además debe considerarse que durante el plazo del preaviso subsisten los

---

[338] MARZORATI y MOLINA: *op. cit.*, p. 284.
[339] FARINA: *op. cit.* (*Resolución del contrato...*), p. 175.
[340] Ibíd., p. 178 y 179.

deberes, derechos, prestaciones y obligaciones establecidas en el contrato, y el distribuidor debe continuar con el servicio o distribución que presta a su distribuida[341].

Por otro lado, para algunos autores, cuando la terminación se sustenta en la teoría anglosajona de la frustración del fin del contrato, no se genera obligación de indemnización para los contratantes[342].

La teoría de la frustración del fin del contrato, indica que «... la causa o razón determinante del contrato es un elemento de vital importancia en el esquema jurídico del contrato. Ello así, las obligaciones contractuales, insertadas dentro del llamado derecho patrimonial, constituyen un modo de satisfacción de intereses buscados por las partes. En consiguiente, la idea de frustración está siempre concebida en relación con la idea de interés»[343]. Cuando «el interés en la ejecución del contrato ha desaparecido, estamos *prima facie* ante la frustración»[344].

La doctrina indica que «en tanto el interés o fin del contrato puede satisfacerse, el contrato mantiene y conserva su razón de ser. Pero si las circunstancias posteriores a su celebración modifican de tal modo los elementos de hecho sobre los que incide el contrato, hasta el punto de que el fin es inalcanzable, se puede afirmar, que el contrato se ha frustrado por imposibilidad de alcanzar el fin»[345].

Así mismo, las circunstancias deben ser sobrevinientes y deben proyectarse sobre el resultado o finalidad, de manera que desvirtúen el motivo

---

[341] Ibíd., p. 175
[342] MARZORATI y MOLINA: *op. cit.*, p. 333.
[343] Ibíd., p. 331.
[344] Norma SILVESTRE. Juan Carlos KING: Una interesante aplicación de la teoría de la frustración del fin del contrato. LL. 1992, p. 122.
[345] Ídem

impulsor del pacto, al punto que desaparezca el interés o utilidad en la subsistencia del contrato[346], que en su sentido funcional no satisfaga la finalidad tenida en cuenta por alguna de las partes[347].

- Terminación anticipada unilateral de un contrato de distribución a tiempo determinado:
En aquellos contratos en donde las partes han acordado expresamente un término de duración de la relación negocial, y nada se haya acordado sobre la facultad de terminación de una sola de las partes, ello no podrá tener cabida, ya que se afirma que se debe tener en cuenta la voluntad de las partes, por lo cual se debe respetar el plazo que las partes hayan predeterminado, en virtud de la fuerza obligatoria del contrato[348].

Es importante aclarar que, ante el supuesto indicado, «la relación puede darse por concluida antes del cumplimiento del plazo previsto, cuando se presente alguna de las causales de resolución (…) o se pacte de mutuo acuerdo entre las partes la rescisión bilateral»[349].

Sin embargo, puede darse el caso de que las partes en un contrato de distribución con un término de duración, hayan previsto expresamente la posibilidad de que una o cualquiera de ellas, pudiera disponer la rescisión del acuerdo. Ante este supuesto de hecho, la doctrina ha indicado que el ejercicio de la terminación «no podría ser ilícito ni generar en principio un deber resarcitorio en la otra parte, siempre que se ajuste a: a. Lo establecido expresamente en el contrato. b. Sea ejercida esta facultad expresa de buena fe, y sin configurar ello un ejercicio abusivo del derecho conferido»[350].

---

[346] ESPERT SANZ, Vicente: *La frustración del fin del contrato*. Editorial Tecnos. Madrid. 1968, p. 224.
[347] CASAS DE CHAMORRO, María Luis: *Una aplicación acertada de la teoría de la frustración del fin del contrato*. La Ley. 1997, p. 344.
[348] MARZORATI y MOLINA: *op. cit.*, p. 290.
[349] Ibíd., p. 291.
[350] Ídem.

En el supuesto antes indicado, la terminación deberá ajustarse a lo expresamente contemplado en el contrato, y al procedimiento que se haya convenido y, por ende, es considerada el único supuesto en que la terminación unilateral puede ser considerada legítima, y por ello no generar obligación de indemnizar a la otra parte[351].

No obstante, si «se hubiere previsto que solo una de las partes puede efectuar la denuncia del contrato, sin brindar un preaviso a la otra y sin reconocer un derecho indemnizatorio a su favor, más allá de que se trate de lo contemplado expresamente en el contrato, ello podría tal vez ser cuestionable a la luz de la doctrina»[352].

Gerscovich y Fiezzoni, citados en Farina[353], refiriéndose al Derecho francés, han manifestado que «la fijación del monto indemnizatorio es una cuestión de hecho que depende de la antigüedad de la relación aunque de modo diverso: para algunos fallos cuando mayor ha sido la duración menor debe ser la indemnización y en otros pronunciamientos resuelven a la inversa».

La doctrina ha establecido que para determinar la cuantía de los daños a ser reclamados por el distribuidor se tendrán en cuenta, entre otros: las ganancias obtenidas por el distribuidor en el año anterior a la ruptura; si contaba o no con exclusividad de venta; la ubicación de su negocio; la experiencia y nombre adquiridos, y si trabajaba con uno o más fabricantes[354].

vi. Garantía de evicción y vicios redhibitorios
El productor asume la garantía de evicción y vicios redhibitorios, y tiene la responsabilidad en cadena por productos elaborados.

---

[351] Ídem.
[352] Ídem.
[353] Farina: op. cit. (Resolución del contrato…), p. 182.
[354] Marzorati y Molina: op. cit., p. 323.

vii. Contar con Registro Único de Personas que Desarrollan Actividades Económicas (Rupdae)

El artículo 18 de la Ley Orgánica de Precios Justos de 2015 establece la obligatoriedad de inscripción ante el Registro Único de Personas que Desarrollan Actividades Económicas (Rupdae), de las personas naturales y jurídicas de Derecho público o privado, nacionales o extranjeras, que desarrollen actividades económicas en el territorio de la República Bolivariana de Venezuela, incluidas las que se realizan a través de medios electrónicos.

La inscripción es requisito indispensable, a los fines de poder realizar actividades económicas y comerciales en el país, razón por la cual, contar con la misma, constituye una obligación fundamental de las partes en el contrato de distribución, en aras de garantizar la correcta ejecución del mismo.

viii. Marcaje del Precio

De conformidad con la Providencia 070/2015, el productor tiene la obligación de marcar los productos mediante una de las tres modalidades siguientes, según la naturaleza del bien o servicio, según el orden de prelación o preferencia que se indica[355]:

> a. Rotulado en el cuerpo del bien: El marcaje del Precio Máximo de Venta al Público (Pmvp) o del Precio Justo, deberá hacerse en el cuerpo, empaque o envoltorio, del bien que deberá ser visible y legible a los usuarios, debe ser colocado en la parte frontal del producto, en un tamaño no menor de 5 milímetros, cuando las dimensiones del objeto impidan cumplir con las indicaciones, por excepción podrá fijarse en un tamaño de 3 milímetros[356].
>
> b. Estampado mediante etiqueta autoadhesiva: Debe ser visible y legible a los usuarios, debe estar adherida al cuerpo, envase, empaque o envoltorio del bien, debe ser elaborada en un material que dificulte su remoción y

---

[355] Artículo 3.1 de la Providencia 070/2015.
[356] Artículo 13 de la Providencia 070/2015.

con tinta indeleble, de tal manera que removerla implique su deterioro irreversible o destrucción[357].

c. Listado impreso: Debe hacerse mediante listas, anuncios, habladores, y otros mecanismos similares, asegurando la fácil identificación del precio con el producto, y su lectura y visualización a una distancia razonable. La SUNDDE podrá a través de su página web, establecer condiciones especiales para esta modalidad[358].

La selección de la modalidad no es optativa[359], y el marcaje o rotulado del PMVP o PJ, deberá contener la siguiente información, en el orden expresado[360]:

1. Las siglas «PMVP» o la expresión «Precio justo», según la modalidad de precio que se trate. 2. La denominación monetaria «Bs.», seguida del monto correspondiente al PMVP o PJ, según corresponda, en guarismos. 3. La expresión «IVA», seguida del porcentaje correspondiente a la alícuota del IVA aplicable, indicada en guarismos seguida del signo porcentaje (%). 4. La expresión monetaria «Bs.», seguida del valor absoluto correspondiente al IVA del bien o servicio, en guarismos. 4. La expresión «Total a pagar», seguida de la denominación monetaria «Bs.», y a continuación en guarismos, el valor absoluto resultante de la sumatoria del Precio Máximo de Venta más el Impuesto al Valor Agregado que corresponda. 5. La fecha del marcaje en formado que indique mes, y año, en números (mm/aa). 6. Cuando no corresponda a la comercialización del bien o servicio la aplicación del IVA, no se aplicará las disposiciones referentes a dicho impuesto.

---

[357] Artículo 14 de la Providencia 070/2015.
[358] Artículo 15 de la Providencia 070/2015.
[359] Artículo 12 de la Providencia 070/2015.
[360] Artículo 17 de la Providencia 070/2015.

ix. Determinación del Precio

Tal y como se señaló anteriormente, el productor tiene la obligación de determinar el precio según la modalidad que corresponda, de acuerdo con los términos contenidos en la Ley Orgánica de Precios Justos de 2015 y en la Providencia 070/2015.

En todo caso, para el cálculo y determinación de cualquier de las categorías de precios reguladas por la Providencia 070/2015, el margen máximo de ganancia permitido para cada sujeto de aplicación, en ningún caso superará el 30 % de la estructura de costos del bien producido o servicio prestado en el territorio nacional, pudiendo la Sundde determinar márgenes máximos de ganancia por sector, rubro, espacio geográfico, canal de comercialización, actividad económica o cualquier otro concepto[361].

Así mismo, el artículo 5 de la Providencia 070/2015 establece que en el cálculo y determinación de cualquiera de las categorías de precios reguladas, el margen máximo de ganancia permitido para cada sujeto de aplicación, contará con los siguientes límites:

1. El margen máximo de ganancia permitido a los importadores de bienes es de hasta 20 %;
2. El margen máximo de ganancia permitido a los productores nacionales y prestadores de servicios es de 30 %.

Es el caso que, independientemente del número de intermediarios que intervengan en la cadena de distribución o comercialización de un bien o servicio, el margen máximo de intermediación permitido para toda la cadena es de hasta 60 %[362].

---

[361] Artículo 31 de la Ley Orgánica de Precio Justos.
[362] Artículo 6 de la Providencia 070/2015.

Establece la Providencia 070/2015 que la incidencia en el margen máximo de intermediación, de los márgenes máximos de ganancia del distribuidor y el comercializador al detal, debe ajustarse a los usos en la comercialización del bien o servicio del cual se trate, y que en ningún caso, el margen de intermediación del distribuidor, por unidad de producto, puede ser mayor al margen máximo de intermediación del comercializador al detal[363].

3. Situación jurídica del distribuidor

A continuación, se analizarán los deberes y obligaciones del distribuidor en el contrato de distribución:

3.1. *Derechos del distribuidor*

El distribuidor tendrá los siguientes derechos:

i. Recibir el suministro de productos
Se trata del derecho correlativo de la obligación del productor[364]. El distribuidor tiene el derecho a exigir el envío de la mercadería en las cantidades necesarias para abastecer a los consumidores, y las cantidades adecuadas a la finalidad económica tenida en mira al contratar[365].

ii. Percepción del margen de reventa
El distribuidor tiene el derecho de percibir para sí el margen de reventas correspondiente a los productos distribuidos[366]. Se trata del beneficio obtenido por el distribuidor por su actividad, sin perjuicio de los intereses inmateriales que pueda perseguir mediante la celebración del contrato.

---

[363] Artículo 7 de la Providencia 070/2015.
[364] Marzorati y Molina: *op. cit.*, p. 28.
[365] Farina: *op. cit.* (*Contratos comerciales...*), p. 418.
[366] Ídem.

Marzorati y Molina indican que «no se trata del precio percibido de un pago hecho por otro sino de un beneficio derivado de la propia actividad del distribuidor y de su éxito obtenido en el mercado al obtener una diferencia entre lo que debe pagar al proveedor y lo que cobra a sus clientes»[367].

El margen de reventa representa «la diferencia entre el precio de compra de cada producto unitario, pagado al distribuido en oportunidad de su provisión, y el precio de venta por el que cada producto es comercializado a los consumidores finales. Los riesgos atinentes al cobro de los productos comercializados por el distribuidor pesan exclusivamente sobre él y afectarán su margen de reventa, no pudiendo ser trasladados al distribuido»[368].

Es importante destacar los límites ya mencionados en cuanto al margen de ganancia y su determinación, establecidos en la Ley Orgánica de Precios Justos y la Providencia 070/2015.

3.2. *Deberes y obligaciones del distribuidor*

De acuerdo con la doctrina y la práctica mercantil, el distribuidor tendrá los siguientes deberes y obligaciones frente al productor:

i. Contar con una organización empresarial apta
El distribuidor debe contar con una organización empresarial apta, para establecer un sistema de distribución acorde con lo convenido[369]. Esta obligación comprende la necesidad de contar con personal idóneo y en cantidad suficiente, con las instalaciones y medios de transporte adecuados, con los medios técnicos necesarios de acuerdo con las características del producto distribuido[370].

---

[367] Marzorati y Molina: *op. cit.*, p. 29.
[368] Ídem.
[369] Farina: *op. cit.* (*Contratos comerciales...*), p. 417.
[370] Marzorati y Molina: *op. cit.*, p. 31.

De conformidad con lo establecido en el artículo 2.f. de la Resolución N.º SPPLC/036-95 del 28 de agosto de 1995, en los contratos de distribución exclusiva, el proveedor o productor podrá imponerle al distribuidor la obligación de «mantener una red de ventas o depósitos cuando así lo requiera la naturaleza de los productos identificados en el contrato».

ii. Venta de los productos o servicios a terceros consumidores
Se trata del punto culminante de la distribución, al terminar de encadenar al productor con el consumidor. Es la obligación más importante para el distribuidor, ya que de la venta resulta su margen de ganancia, pero también para el distribuido, que logra la efectiva colocación de sus productos[371].

La doctrina ha indicado que se trata de una obligación de medio y no de resultado, razón por la cual la adquisición sin reventa o el acopio de productos es una conducta ajena a la dinámica del contrato, que supone incumplimiento de esta obligación[372].

De acuerdo con lo establecido en el artículo 2.g. de la Resolución N.º SPPLC/036-95 anteriormente identificada, en los contratos de distribución exclusiva, el proveedor o productor podrá imponerle al distribuidor la obligación de «mantener una red de ventas o depósitos cuando así lo requiera la naturaleza de los productos identificados en el contrato».

iii. Cumplir con el mínimo de compras acordado
El distribuidor deberá cumplir con el mínimo de compras convenidas en la forma y tiempo establecidos, o que la requieran los consumidores, así como acumular el *stock* necesario y respetar el precio fijado por el productor[373].

---

[371] Ibíd., p. 29.
[372] Ídem.
[373] Farina: *op. cit.* (*Contratos comerciales...*), p. 418.

En el contrato de distribución, las partes deben acordar que el distribuidor comprará una cantidad de productos acorde con el volumen habitual de ventas que puede preverse en la zona en que opera.

Por otro lado, correrá por su cuenta la conservación de los productos conforme a sus características[374] y las indicaciones del productor, hasta el momento de su efectiva comercialización[375].

SI el productor le impone al distribuidor la obligación de comprar los productos identificados en el contrato únicamente a él, se considerará un contrato simultáneo de distribución y de compra exclusiva[376].

iv. Pago del precio por provisión de productos
Se trata de la contraprestación del distribuidor por la provisión de productos realizada por el productor. El pago debe realizarse en las condiciones acordadas por las partes, pudiendo establecerse contra entrega, contra facturación a cierto tiempo y el pago periódico[377].

Así mismo, se suele pactar descuentos por volumen, lo cual significa un menor precio a mayor pedido de productos que haga el distribuidor, el cual por supuesto deberá ser superior a la mínima compra exigida.

v. Actividad de captación del mercado en la zona de distribución
Además del acto de venta, el distribuidor debe procurar la captación del mercado, buscando la mayor penetración posible del producto en la zona determinada[378].

---

[374] Ídem.
[375] Marzorati y Molina: *op. cit.*, p. 30.
[376] Parágrafo único del artículo 5 de la Resolución N.° SPPLC/036-95.
[377] Marzorati y Molina: *op. cit.*, p. 30.
[378] Ídem.

El contrato de distribución, al ser un contrato de colaboración empresarial, el distribuidor deberá lograr el posicionamiento de la marca de los productos que distribuye, así como hacer todo lo que esté a su alcance para la obtención y mantenimiento de la clientela, ya que se verá beneficiado al alcanzar dichos objetivos.

vi. Respeto de la zona
El distribuidor no debe comercializar productos fuera de la zona delimitada en el contrato. Cualquier incumplimiento de esta obligación podría perjudicar al productor por reclamos que terceros distribuidores pudieran presentar por invasión de sus respectivas zonas contractuales[379].

A criterio de FARINA, el distribuidor deberá distribuir el producto con exclusividad a favor del productor, o sea, no comercializar otro de la competencia, salvo pacto en contrario, ya que solo si existe pacto expreso le estará vedado al distribuidor comercializar otros productos de distinto ramo (productos no competitivos)[380].

No faltar con su obligación de exclusividad significa que el distribuidor no podrá: a. Adquirir de personas diferentes al productor los productos objeto del contrato de distribución[381]. b. Producir los productos objeto de la distribución pactada. c. Salirse de la zona de exclusividad para incursionar en nuevas zonas. d. Realizar ventas o promociones fuera de la zona de exclusividad. e. Vender productos que se encuentren en competencia con los del productor[382].

No obstante, los límites que la legislación venezolana establece al pacto de exclusiva serán analizados más adelante.

---

[379] Ídem.
[380] FARINA: op. cit. (Contratos comerciales...), p. 418.
[381] Artículo 2.b. de la Resolución N.° SPPLC/036-95.
[382] Artículo 2.a. de la Resolución N.° SPPLC/036-95.

vii. Permitir una fiscalización razonable del productor
El distribuidor deberá permitir el ejercicio del derecho a fiscalizar que tiene el productor[383]. Las fiscalizaciones permitirán un mayor control del productor al cumplimiento de parámetros exigidos en el contrato, especialmente aquellos referidos a almacenamiento, manejo, transporte e inventario de los productos, cumplimiento de obligaciones laborales y fiscales, entre otros.

viii. Usar las marcas bajo los términos acordados.
El distribuidor deberá hacer uso de las marcas del productor en la forma pactada. Además, deberá informar al productor si sobreviniere alguna amenaza al registro marcario que pudiera causar algún perjuicio.

De conformidad con lo establecido en el artículo 2.g. de la Resolución N.º SPPLC/036-95 antes identificada, en los contratos de distribución en exclusiva, el proveedor o productor podrá imponerle al distribuidor la obligación de «vender los productos identificados en el contrato con su presentación, marcas y distintivos».

ix. No fabricar ni distribuir productos competidores de los identificados en el contrato en el territorio asignado
En los contratos de distribución exclusiva, el proveedor o productor podrá imponerle al distribuidor la obligación de «no fabricar ni distribuir productos competidores de los identificados en el contrato en el territorio asignado»[384].

x. Publicidad de los productos identificados en el contrato
De acuerdo con lo establecido en el artículo 2.c. de la Resolución N.º SPPLC/036-95 antes identificada, en los contratos de distribución exclusiva, el proveedor o productor podrá imponerle al distribuidor la obligación de «hacer publicidad de los productos identificados en el contrato

---

[383] Farina: *op. cit.* (*Contratos comerciales...*), p. 418.
[384] Artículo 2.a. de la Resolución N.º SPPLC/036-95.

en el territorio asignado», así como la obligación contenida en el artículo 2.d. de «no hacer publicidad de los productos identificados en el contrato fuera del territorio asignado».

xi. Dar garantía y prestar servicio a la clientela

En los contratos de distribución en exclusiva, el proveedor o productor podrá imponerle al distribuidor la obligación de «dar garantía y prestar servicio a la clientela sobre los productos identificados en el contrato»[385].

---

[385] Artículo 2.h. de la Resolución N.° SPPLC/036-95.

Capítulo VII
Diferencias entre el contrato de distribución y los contratos de agencia, comisión y franquicia de distribución

1. Aproximación al problema

Cuando se hace referencia al contrato de distribución en su sentido amplio, se enfatiza fundamentalmente en la actividad intermediadora[386], y en esta categoría se incluyen a los contratos de agencia, concesión, distribución propiamente dicha y a la franquicia[387].

En aras de evitar confusiones, a continuación se realizará un análisis comparativo entre el contrato de distribución en su sentido estricto y los contratos de agencia, y franquicia de distribución, los cuales son considerados contratos de distribución en su sentido amplio.

Así mismo, se comparará al contrato de distribución con el contrato de comisión.

2. Distribución y agencia

La doctrina ha definido el contrato de agencia como aquel por el cual una persona física o jurídica, denominada «agente», se obliga frente a otra, de manera continuada y estable a cambio de una remuneración, a promover actos u operaciones de comercio por cuenta ajena, o a promoverlos y concluirlos

---
[386] Molina: *op. cit.*, p.75.
[387] Marzorati y Molina: *op. cit.*, p. 165.

por cuenta y nombre ajenos, como intermediario independiente, sin asumir, salvo pacto en contrario, el riesgo de tales operaciones[388].

Para Rodríguez Quesada, el contrato de agencia es «un contrato sinalagmático perfecto por el cual una de las partes asume directamente la responsabilidad de una representación comercial exclusiva y excluyente para uno o más lugares (llamados por lo general zonas) aun respecto del propio productor o representado, pudiendo celebrar negociaciones con terceros, incluyendo a quien le hubiese otorgado la agencia, siendo obligación de la otra parte el pago de las remuneraciones o comisiones que se hubiesen pactado»[389].

La doctrina argentina define al contrato de agencia como un convenio por medio del cual una parte denominada «comitente», encarga a otra llamada «agente» la promoción de negocios por su cuenta y orden; es decir, un medio para que el fabricante comercialice su producción a través de un tercero, quien no solo promueve la venta de bienes, sino también de servicios[390].

Al igual de lo que ocurre con el contrato de distribución, el Código de Comercio venezolano no regula el contrato de agencia ni la figura del agente, por consiguiente, su regulación está sometida al marco específico que las partes convengan, no pudiéndose excluir la aplicación de los usos que puedan haber sido generados por la práctica de los negocios y debiéndose recurrir, en todo caso, para la solución de los problemas que surjan, al recurso de la analogía con figuras contractuales próximas[391].

La doctrina ha identificado como contenido esencial del contrato de agencia, la actividad de promoción continuada o estable de actos y operaciones de

---

[388] Domínguez, Manuel: «Los contratos de distribución: agencia mercantil y concesión comercial», en: *Contratos Internacionales*. Editorial Tecnos. Madrid. 1997, p. 1279.
[389] Rodríguez Quesada, Raúl: *El agente de comercio*. Editorial La Ley, s/f, p. 950.
[390] Marzorati: *op. cit.* (*Sistemas de distribución…*), p. 9.
[391] Morles Hernández: *op. cit.*, t. I, p. 531.

comercio, razón por la cual se afirma que se trata de un contrato de duración y no un negocio de ejecución instantánea[392].

Todas las figuras contractuales que hacen vida dentro del concepto amplio o genérico de contratos de distribución tienen en común el hecho de que el acuerdo mismo está destinado a perdurar por un período de tiempo (determinado o indeterminado); es lo que se denomina un «contrato de duración»[393].

Otras semejanzas entre el contrato de distribución y el contrato de agencia son: en ambos casos se trata de un contrato *intuito personae*, ya que para suscribirse el contrato se toma en cuenta las cualidades de ambas partes; y que tanto la distribución como la agencia giran sobre el concepto del contrato de colaboración, en el que las partes tienden hacia un fin común, el cual, de obtenerse, genera ventajas comerciales para ambos contratantes.

La doctrina y jurisprudencia colombiana se ha encargado de analizar la principal diferencia que existe entre el contrato de agencia y el contrato de distribución, concluyendo que el contrato de agencia es una de las formas específicas del mandato mercantil, razón por la cual el elemento «actuación por cuenta ajena» es esencial a la agencia ya que la gestión del mandatario se lleva a cabo por cuenta del mandante.

La actuación por cuenta y riesgo ajenos significa que las consecuencias patrimoniales de una determinada gestión, recaen, o deben recaer, en esfera patrimonial diferente de quien la ha llevado a cabo.

Al respecto, el colombiano Sanín Bernal ha establecido que «en la agencia, el agente actúa por cuenta del agenciado y cuando celebra los contratos a que se refiere su labor de promoción, lo hace, en principio,

---

[392] Morles Hernández: *op. cit.*, t. IV, p. 2470.
[393] Farina: *op. cit.* (*Contratos comerciales...*), p. 407.

en nombre de éste, de tal manera que no adquiere los productos a que se refiere su actividad»[394].

Por su parte, el también colombiano CÁRDENAS MEJÍA ha indicado que la actuación por cuenta del agenciado aparece en forma expresa en casi todas las definiciones legislativas y doctrinarias, pero que la legislación colombiana no lo exige explícitamente. Sin embargo, considera que es necesario concluir que la actuación por cuenta del agenciado es un requisito indispensable, porque si, de acuerdo con la legislación colombiana, el contrato de agencia es una forma de mandato, este implica la actuación por cuenta de otro[395].

Siguiendo la misma línea se ha pronunciado ESCOBAR SANÍN, para quien «… el agente, como especie de sustituto que es, celebra negocios por cuenta del empresario, quien corre con los riesgos como propietario de los bienes y en tal calidad puede dirigir ampliamente las actividades del sustituto…»[396].

No obstante, en la doctrina colombiana existe una parte minoritaria que ha indicado que la actuación «por cuenta de» no constituye un elemento determinante del contrato de agencia. Ante tal postura, el jurista BONIVENTO ha respondido de la siguiente manera: «Aunque no podemos desconocer, obviamente, la seriedad de los planteamientos que sustentan la tesis según la cual el elemento de actuación «por cuenta de» no es de la esencia del contrato de agencia mercantil, pensamos que la conclusión acertada es la contraria: la tipificación legal de la agencia comercial, entre nosotros, exige la actuación del agente por cuenta del agenciado»[397].

---

[394] SANÍN BERNAL, Ignacio: *Derecho de la Distribución Comercial*. Editorial Millennio. Bogotá. 1995, p. 153.
[395] CÁRDENAS MEJÍA, Juan Pablo: *El contrato de agencia mercantil*. Editorial Temis. Bogotá. 1984, p. 20.
[396] ESCOBAR SANÍN, Gabriel: *Negocios civiles y comerciales*. Tomo I Negocios de Sustitución. Universidad Externado de Colombia. Bogotá. 1985, p. 356.
[397] BONIVENTO JIMÉNEZ, José: *Contratos mercantiles de intermediación, representación, mandato, comisión, preposición, agencia comercial, corretaje. Doctrina-Jurisprudencia*. 2.ª, Ediciones Librería del Profesional. Bogotá. 1999, pp. 149 y 150.

BONIVENTO también ha indicado que «… la actuación por cuenta de otro, como concepto jurídico involucrado en la noción misma de mandato, hace referencia, como aspecto primordial, a una consideración según la cual los efectos de los actos y negocios realizados por el intermediario (encargado), así no sea representante, se trasladan, o se deben trasladar, a la órbita patrimonial del dueño del negocio, de manera que es éste quien está llamado a asumir los riesgos (pérdida de la mercancía o cartera morosa, por ejemplo) y las ventajas (aumento de precios de venta al público, por ejemplo) de las operaciones efectuadas por aquél»[398].

De tal manera que gran parte de la doctrina y de la jurisprudencia colombiana sostiene que la actuación del comerciante por cuenta del empresario es elemento esencial del contrato de agencia comercial.

No obstante, y tal como lo ha indicado el autor colombiano CÁRDENAS MEJÍA, lo anterior no implica que el agente comercial no corra con algunos riesgos, ya que el hecho de que se actúe por cuenta de otro significa que se pretende obtener para un tercero, en este caso el agenciado, las utilidades del negocio, lo cual no quiere decir que el agente no corra con algunos riesgos, porque su independencia implica que asume los peligros de su propia gestión, pues, por lo general, su remuneración dependerá de los negocios celebrados, y por ello, si no se perfecciona ninguno, sufrirá los gastos de promoción sin obtener utilidad. Si bien el agente recibe una remuneración por el negocio celebrado, la utilidad o la pérdida propiamente dicha que de aquel se deriven corresponden al agenciado, porque el agente actúa por cuenta de aquel[399].

En España, el contrato de agencia está regulado mediante la Ley 12/1992 por imperativo de la directiva de la Comunidad Económica Europea número 86/653, de 18 de diciembre de 1986, relativo a los agentes comerciales

---

[398] Ibíd., pp. 140 y 141.
[399] CÁRDENAS MEJÍA: *op. cit.*, pp. 20 y 21.

independientes. La ley española no se ha limitado a incorporar el contenido de la citada Directiva, sino que ha dotado a este contrato de una amplia regulación que se aplica no solo a los agentes dedicados a la compra o venta de mercaderías, tal y como lo establece el artículo 1 de dicha Directiva, sino también a todas aquellas personas que realicen cualesquiera actos u operaciones de comercio por cuenta ajena, aunque con la salvedad de lo establecido por disposiciones especiales. [400]

El profesor Alonso Soto indica que, en España, el agente actúa por cuenta y en nombre del empresario, no asumiendo el riesgo de las operaciones que promueva o contrata; y que el agente representa al principal y está facultado para promover las operaciones previstas en el contrato, pero solo podrá concluirlas en su nombre cuando tenga expresamente atribuida esta facultad[401].

En síntesis, la principal diferencia entre el contrato de distribución y el de agencia comercial radica en el hecho de que el distribuidor no actúa en nombre y por cuenta de un tercero, sino que lo hace en nombre y por cuenta propia. En efecto, el distribuidor adquiere los productos en nombre e interés propio para distribuirlos o revenderlos y su empresa es independiente del distribuido; este último, por su parte, provee los bienes y servicios a su distribuidor, desvinculándose de los terceros que los adquieren, salvo en lo que hace a la eventual violación de los llamados «derechos del consumidor».

3. Distribución y comisión

El contrato de comisión se encuentra regulado en el Código de Comercio en los artículos 376 al 409, y en los casos no previstos, se aplicarán las normas del Código Civil sobre mandato[402].

---

[400] Alonso Soto, Ricardo: *El contrato de agencia. Lecciones de Derecho Mercantil.* 4.ª. Editorial Thomson Civitas. Navarra. 2006, p. 610.
[401] Ibíd., p. 611.
[402] Albornoz: *op. cit.*, p. 140.

El autor venezolano ALBORNOZ define al contrato de comisión como al «convenio, según el cual un sujeto, denominado comitente, instruye y autoriza a un comerciante, llamado comisionista, a celebrar un acto de comercio con un tercero en su propio nombre por cuenta del comitente y mediante el pago de una comisión»[403].

Es notable que la aparente identidad entre el contrato de agencia y el de comisión sea objeto de estudio constante, tanto por parte de la doctrina como de la jurisprudencia.

La doctrina sostiene que en la relación de agencia se da cierta identidad con la de comisión, pero también destaca que el carácter de habitualidad de la primera obliga al agente a realizar gastos y ejecutar actos, a veces de cierto esfuerzo, para lograr la penetración y dominación de mercados que, al revocarse su actuación, quedan a favor del comitente por una suerte de inercia que traen consigo la fama y eficacia de los productos introducidos. Esa realidad ha hecho que la doctrina y la legislación extranjera establecieran que la ruptura intempestiva del contrato de agencia por denuncia de cualquiera de las partes, obliga a la otra a resarcir los daños y perjuicios ocasionados[404].

En este sentido, se resalta la primera distinción entre el contrato de distribución y el contrato de comisión, toda vez que todas las figuras contractuales que hacen vida dentro del concepto amplio o genérico de contratos de distribución, tienen en común el hecho de que el acuerdo mismo está destinado a perdurar por un período de tiempo (determinado o indeterminado); es lo que se denomina un «contrato de duración»[405]; mientras que la habitualidad en el contrato de comisión se caracteriza por ser esporádica y no por perdurar en el tiempo, ya que es específico, refiriéndose a un acto u operación de comercio.

---

[403] Ídem.
[404] Cámara Nacional de Apelaciones en lo Comercial, Sala A, 9-8-1979, «Zamora Ventas S. R. L. c/ Técnica Comercial Hoy S. A.», La Ley, 1980-C, 27 – ED, 85-488.
[405] FARINA: *op. cit.* (*Contratos comerciales…*), p. 407.

La dimensión temporal del contrato de comisión permite una colaboración aislada y esporádica para contratar, mientras que la distribución requiere de una colaboración estable o duradera, con lo cual se puede afirmar que el carácter esporádico del contrato de comisión y su propia naturaleza lo hacen poco adecuado, en términos generales, para ser utilizado para cumplir con el objeto del contrato de distribución.

Por otro lado, de conformidad con lo establecido en el artículo 377 del Código de Comercio, el comisionista no está obligado a declarar a la persona con quien contrata el nombre de su comitente, lo cual va en contravención con el artículo 8 de la Ley para la Defensa de las Personas en el Acceso a los Bienes y Servicios, el cual establece el derecho que todo individuo tiene a obtener «información suficiente, oportuna, clara, veraz y comprensible sobre los diferentes bienes y servicios, puestos a su disposición, con especificaciones de precios, cantidad, peso, características, calidad, riesgo y demás datos de interés inherentes a su elaboración o prestación, composición y contraindicaciones que les permita tomar conciencia para la satisfacción de sus necesidades», así como también, que tienen derecho a que se les informe sobre «el conocimiento de los aspectos políticos, económicos, sociales y culturales de los procesos de producción, fabricación, importación, acopio, transporte, distribución y comercialización de esos bienes y la generación y prestación de los servicios para ejercer eficazmente la contraloría social así como los mecanismos de defensa y organización popular para actuar ante los órganos y entes públicos».

4. Distribución y franquicia

Algunos autores consideran que fue en 1912, en la ciudad de Nueva York, cuando nació la franquicia moderna gracias a la Singer Corporation, que estableció un novedoso sistema de distribución basado en la integración parcial de diferentes empresarios independientes para sus puntos de venta en una entidad económica de apariencia única a cambio de una remuneración.

Sin embargo, dicho sistema no comenzó a utilizarse bajo la denominación «franquicia» hasta 1925[406].

No obstante, otros autores opinan que la franquicia tiene su origen en 1930, luego de la Gran Depresión, cuando en Estados Unidos de América, Howard Johnson estableció la primera franquicia de 25 negocios en cadena.

Lo cierto es que, a partir de los años 1950 y 1960, la figura siguió utilizándose, dando nacimiento a los gigantes: Holidays Inn, McDonald's, Burger King y Sheraton[407].

En general, la franquicia es definida por la doctrina como un acuerdo o contrato por el que una empresa, denominada «franquiciante», cede a otra, denominada «franquiciada», el derecho a la explotación de un sistema propio de comercialización de productos o servicios[408], a cambio del pago de un canon, más una regalía (*royalty*) sobre grandes ventas[409].

El franquiciante y el franquiciado cooperan entre sí para la distribución de determinados productos o servicios, produciendo una relación de cooperación e intensa identificación, que se traduce, de una parte, en que el franquiciante pone a disposición del franquiciado un conjunto de derechos de propiedad intelectual e industrial y un método empresarial constatado en el mercado y, por otra, en una labor de control muy activa del franquiciante sobre el desarrollo de las prestaciones que ofrece al público el franquiciado[410].

---

[406] Bermúdez, Guillermo: *La franquicia: elementos, relaciones y estrategias*. Editorial ESIC. 2002, p. 21.
[407] Zullo, Nicolás: «Franquicia o concesión». *Boletín Económico La Ley*. Editorial La Ley. Madrid. 1990, p. 17.
[408] Mayorga, María Cruz: *El contrato mercantil de franquicia*. Editorial Comares. Granada. 2003, p. 1.
[409] Farina: *op. cit.* (*Contratos comerciales...*), p. 477.
[410] Mayorga: *op. cit.*, p. 3.

La franquicia, al igual que la distribución y la agencia, constituye un método de colaboración entre empresas distintas e independientes, pues se requiere la acción común de las partes para lograr eficacia, desarrollo y ampliación de los negocios en sus respectivas empresas[411].

La condición ideal para ello está en la colaboración sobre la base de un equilibrio de poderes y de ganancias entre las partes; pero en la realidad de los hechos, es el franquiciante quien impone las condiciones y el franquiciado se somete[412].

Para FARINA, en la práctica, se suelen presentar dos tipos distintos de franquicia:

> a) Franquicia de Servicio: mediante el cual se suministra un servicio como conceptualización de una técnica o normativa determinadas[413]. Es la explotación de un determinado servicio cuya fórmula original es propiedad del franquiciante, quien la transmite a sus franquiciados. Este tipo de franquicias es la que tiene mayor auge en la actualidad, el tipo de franquicia más dinámico y con más proyección. El franquiciador cede el derecho a utilizar y comercializar una fórmula o sistema original de cualquier tipo de servicio con un nombre ya acreditado y que ha demostrado su eficacia en el ámbito de aceptación. Dentro de las empresas que utilizan este sistema abundan las cadenas de comidas rápidas, tales como McDonald's, Kentucky Fried Chicken y Donkin Donuts[414], y

---

[411] FARINA: *op. cit.* (*Contratos comerciales...*), p. 481.
[412] ORTIZ DE ZÁRATE, Álvaro: *Manual de franquicia*. Editorial Deusto. Madrid. 1986. p. 12.
[413] FARINA: *op. cit.* (*Contratos comerciales...*), p. 484.
[414] MARZORATI, Osvaldo: *Franchising*. Editorial Astrea. Buenos Aires. 2001, pp. 21 y 22.

b) Franquicia de Distribución: en donde el franquiciante fija al franquiciado los productos que tiene que vender, con la aportación de una marca o enseña de la cadena de comercialización y varios servicios de organización y venta[415]. El franquiciante cede los productos que el mismo fabrica y/o la marca a sus franquiciados a cambio de regalías o precios de compra más altos. Sus características básicas se concentran en el desarrollo del producto o servicio, más que en la operación del negocio[416].

FARINA enumera las siguientes notas distintivas entre el contrato de franquicia y el contrato de distribución[417]:

i. En la distribución se vuelcan al mercado los productos fabricados por el productor, el distribuidor no interviene en el proceso de fabricación. En cambio, el franquiciado, por lo común, el franquiciado fabrica el producto que vende y adquiere el *know how* que le transmite el franquiciante a dicho fin.

ii. Antes de la habilitación del establecimiento del franquiciado, el franquiciante aportará la asistencia necesaria, los conocimientos y experiencia, lo cual se concreta, generalmente, mediante la entrega de «manuales operativos o de funcionamiento». Esta formación previa rara vez se da en la distribución.

iii. El franquiciante le otorga al franquiciado una asistencia inicial para facilitar la instalación del establecimiento de venta. La asistencia puede ampliarse a la selección del local e instalaciones, al estudio de mercado y la financiación. Nada de esto es necesario en el desarrollo de un contrato de distribución, en el que no es esencial una asistencia permanente.

---

[415] FARINA: *op. cit.* (*Contratos comerciales...*), p. 484.
[416] GONZÁLEZ, Enrique: *La experiencia de las franquicias*. Editorial McGraw-Hill. México D. F. 1994. p. 48.
[417] FARINA: *op. cit.* (*Contratos comerciales...*), p. 489.

No obstante lo anterior, el tema fue tratado en el caso «Pronuptia», del 28 de enero de 1986, cuando la Corte de la Comunidad Europea fue llamada a decidir sobre la interpretación del artículo 85 del Tratado de Roma, y del Reglamento 67/67 del 22 de marzo de 1967, dictado por la Comisión de las Comunidades Europeas, concerniente a la aplicación del artículo 85, párrafo 3, del Tratado a ciertas categorías de contratos de exclusividad.

En dicho fallo no solo se definió la naturaleza jurídica del contrato de franquicia, sino que se estableció que la diferencia con los contratos de suministro o distribución reside en que: a. el franquiciador debe transmitir su *know how*, o asistencia o metodología de trabajo, aplicando sus métodos comerciales, y b. el franquiciador queda obligado a diseñar, dirigir y sufragar las campañas publicitarias realizadas para difundir su rótulo y marca.

Bajo términos similares, se pronunció la Corte Suprema de Justicia de Costa Rica, en donde se enumeraron las siguientes diferencias entre el contrato de franquicia y el contrato de distribución:

> i. En el contrato de franquicia, el franquiciante recibe una retribución llamada royalty que consiste en un precio o porcentaje fijo. En el de distribución lo que se recibe es una remuneración sobre las diferencias entre el precio que adquirió la mercadería a la productora y la venta a los consumidores. ii. En la franquicia se regula el *know how*, dando el franquiciante toda la asistencia y conocimiento indispensable al franquiciado para la explotación comercial (manuales, asesorías). En el de distribución, el fabricante vende al distribuidor la mercancía y delimita la zona geográfica determinada sin ningún tipo de asesoría técnica. En la franquicia ocurre una cesión de auténticas prestaciones tecnológicas (marca, rótulo, *know-how*, trasmisión de conocimientos o asistencia técnica), mientras que en la distribución dicha cesión no ocurre necesariamente, ya que el distribuidor normalmente utiliza sus propios símbolos y distintivos, no se incluye la transmisión de derechos de propiedad industrial o *know how*[418].

---

[418] Sala Primera de la Corte Suprema de Justicia de Costa Rica, sent. N.° 73, del 17-07-96.

Capítulo VIII
LOS LÍMITES QUE ENCUENTRA LA LIBRE AUTONOMÍA DE LA VOLUNTAD DE LAS PARTES EN EL CONTRATO DE DISTRIBUCIÓN

1. INTRODUCCIÓN

El contrato de distribución en Venezuela es un contrato típico por tratarse de una costumbre mercantil, y es innominado, lo cual significa que la libre autonomía de la voluntad de las partes tiene un rol protagónico en este tipo de contratos.

En cuanto a las limitaciones que encuentra la libre autonomía de las partes, FONTANARROSA ha indicado que «… en la realidad del tráfico, la libertad contractual no es absoluta ni ilimitada; y precisamente en nuestros tiempos, numerosas restricciones se han impuesto a ella. En primer lugar, la voluntad privada no puede derogar las normas dictadas por motivos de orden público, moralidad o buenas costumbres (…) En segundo lugar (…) la necesidad de aceptar cláusulas establecidas por la otra (…) En tercer lugar, en muchos supuestos el estado regula asimismo las facultades de la parte que impone el contrato (…) de tal modo que, en ciertos aspectos de la contratación, la libertad resulta restringida por las dos partes contratantes»[419].

Resulta necesario analizar primeramente el principio de buena fe contractual, para luego pasar al estudio del principio de la autonomía de la voluntad, para así finalmente, determinar los límites que esta encuentra en el contrato de distribución de bienes y servicios en Venezuela.

---
[419] FONTANARROSA: *op. cit.*, pp. 33 y 34.

2. El principio de la autonomía de la voluntad

Autores como Larroumet[420] y Claro Solar[421] sostienen que fueron los canonistas, seguidos por la escuela del Derecho natural, los primeros en exponer la teoría de la autonomía de la voluntad.

Para Colin y Capitant, el principio de autonomía de la voluntad es un principio jurídico esencial que domina la materia de los actos jurídicos tocantes a las relaciones de orden económico patrimonial, y consiste «... en que los particulares puedan ejecutar todos los actos jurídicos que quieran, y de hacerles producir las consecuencias jurídicas que les convengan, siempre que no se trate de un acto o de un efecto jurídico prohibido por una disposición expresa de la ley. Todo lo que no está prohibido, está permitido»[422].

El jurista Hinestrosa ha indicado que una de las expresiones más notorias de la libertad contractual está en la libertad de escoger la figura negocial y determinar cuál será su contenido, qué conlleva a la selección de una categoría negocial o a la creación de una nueva que implica el conocimiento, la individualización y la escogencia de unos determinados efectos finales[423].

Según Ballesteros, la autonomía de la voluntad «consiste en la posibilidad de que los individuos puedan dictar normas, como expresión de esa libertad para auto-regular sus relaciones privadas, normas que el Estado asumirá como propias, concediéndolas un vigor semejante al de la ley y por cuya eficacia velará con idéntico rigor»[424].

---

[420] Larroumet, Christian: *Teoría general del contrato*. Vol. I. Editorial Temis. Bogotá. 1993, p. 85.
[421] Fierro-Méndez, Rafael: *Teoría general del contrato, contratos civiles y mercantiles*. Ediciones Doctrina y Ley Limitada. Bogotá. 2007, p. 9.
[422] Colin y Capitant: *op. cit.*, p. 170.
[423] Hinestrosa, Fernando: *Función, límites y cargas de la autonomía privada*. Editorial Externado. Bogotá. 1986, p. 13.
[424] Ballesteros, José: *Las condiciones generales de los contratos y el principio de la autonomía de la voluntad*. José María Bosch Editor. Barcelona (España). 1999, p. 17.

Sin embargo, a criterio de LALAGUNA, «la autonomía privada es, antes que una manifestación del poder normativo, una expresión de la libertad del ser humano, lo que explica que el problema de los límites de la autonomía privada se venga a plantear en el orden jurídico de acuerdo con la natural condición de la persona...»[425].

A pesar de la posición de LALAGUNA, parte importante de la doctrina considera que la manifestación del poder normativo es la característica medular del principio de la libre autonomía de las partes.

Así, para DÍEZ-PICAZO y GULLÓN, la autonomía privada es el «poder conferido o reconocido –según la concepción del Derecho que se tenga– a la persona por el ordenamiento jurídico para que gobierne sus propios intereses o atienda a la satisfacción de sus necesidades»[426].

Por su parte, DE CASTRO y BRAVO define a la autonomía privada como «aquél poder complejo reconocido a la persona para el ejercicio de sus facultades, sea dentro del ámbito de libertad que le pertenece como sujeto de derechos, sea para crear reglas de conducta para sí y en relación con los demás, con la consiguiente responsabilidad en cuanto actuación en la vida social»[427].

A criterio de HEDEMANN, «los contratantes se promulgan su ley, por esta causa se dice que en esta materia predomina la autonomía privada. La libertad contractual es, por tanto, el signo más característico de todo el Derecho de Obligaciones»[428].

---

[425] LALAGUNA, Enrique: «La libertad contractual». *Revista de Derecho Privado*. Vol. II. 1972, pp. 884 y 885.
[426] DÍEZ-PICAZO, Luis y GULLÓN, Antonio: *Sistema de Derecho Civil*. Vol. I. 11.ª, Editorial Tecnos. Madrid. 2004, p. 471.
[427] DE CASTRO y BRAVO, Federico: *El negocio jurídico*. Editorial Civitas. Madrid. 1985, pp. 11 y 12.
[428] HEDEMANN, Justus Wilhelm: *Tratado de Derecho Civil. Derecho de Obligaciones*. Vol. III. Editorial Revista de Derecho Privado. Madrid. 1958, p.63.

Así, el poder creador de la autonomía de las voluntades se manifiesta cuando existe la posibilidad de dos «o más personas de quedar obligadas por su propia iniciativa (...) Esta autonomía significa que, en principio, todo particular puede contratar cuando quiera, como quiera y con quien quiera»[429].

De tal manera que «el contrato surge a consecuencia de la libre y acorde voluntad de los interesados para crear una relación jurídica especial, (que) ha de regirse con preferencia (...) por lo que quisieron y convinieron aquellos a quienes liga»[430].

El jurista español Díez-Picazo ha indicado que «la autonomía de la voluntad de las personas en el campo contractual es, ante todo, libertad de contratación», la cual trae dos consecuencias: en primer lugar, la «libre opción del individuo entre contratar y no contratar» y, en segundo lugar, «la libertad de contratación es libertad para elegir el contratante que nosotros queramos»[431].

Tal es la importancia de la voluntad en la formación de los contratos, que ha llegado incluso a admitirse su carácter de principio general del Derecho, en tanto es una expresión de la libertad de la persona, cuyo reconocimiento por la Ley positiva se impone por exigencia de la Ley natural[432].

Se podría considerar al principio de la libre autonomía de la voluntad de las partes, inmerso en el artículo 20 de la Constitución Nacional, el cual es del tenor siguiente: «Toda persona tiene derecho al libre desenvolvimiento de su personalidad, sin más limitaciones que las que derivan del derecho de las demás y del orden público y social».

---

[429] Puig Brutau, José: *Fundamentos de Derecho Civil. Doctrina general del contrato.* Tomo II. Vol. I. Editorial Bosch, Casa Editorial, S. A. Barcelona (España). 1973, p. 5.
[430] Manresa y Navarro, José María: *Comentarios al Código Civil español.* Tomo VIII. Vol. II. Editorial Reus. Madrid. 1967, p. 380.
[431] Díez-Picazo: *op. cit.* (*Fundamentos del Derecho...*), p. 126.
[432] Mélich-Orsini: *op. cit.*, pp. 20 y 21.

La autonomía de la voluntad o autonomía privada encuentra sus manifestaciones más importantes en el sistema de contratación civil en el desarrollo del principio de libertad de contratar y en el principio de la libertad contractual[433]. La libertad de contratar es definida como la «… potestad que se concede a cada persona de contratar o no y, en caso de hacerlo, para elegir la persona del otro contratante»[434]. Es decir, la libertad de contratar otorga a los particulares el derecho de decidir cuándo, cómo y con quién contratar.

Fernández Sessarego indica que «la libertad de contratar está, naturalmente, en función de la libertad y del derecho de los demás. Desconocer esta realidad equivale a negar la calidad ontológica del ser humano, lo que significaría sostener, erradamente, que existen derechos subjetivos absolutos»[435].

La libertad de contratar está consagrada en el artículo 112 de la Constitución Nacional, de la siguiente manera: «Todas las personas pueden dedicarse libremente a la actividad económica de su preferencia, sin más limitaciones que las previstas en esta Constitución y las que establezcan las leyes, por razones de desarrollo humano, seguridad, sanidad, protección del ambiente u otras de interés social. El Estado promoverá la iniciativa privada, garantizando la creación y justa distribución de la riqueza, así como la producción de bienes y servicios que satisfagan las necesidades de la población, la libertad de trabajo, empresa, comercio, industria, sin perjuicio de su facultad para dictar medidas para planificar, racionalizar y regular la economía e impulsar el desarrollo integral del país».

La libertad contractual o libertad de configuración interna es la facultad de determinar libremente los términos y condiciones de un contrato y, en

---

[433] De la Puente y Lavalle, Manuel: *El contrato en general*. Tomo i. Palestra Editores. Lima, p. 272.
[434] Ídem.
[435] Fernández Sessarego, Carlos: *Contrato y mercado*. Gaceta Jurídica Editores. Lima. 2000, p. 5.

cuanto se fundamenta en la libertad de la persona, ésta no es una facultad absoluta, sino limitada por el respeto de la libertad, intereses y expectativas de los demás[436].

En este sentido, el principio de la autonomía de la voluntad implica la posibilidad que tienen las partes de autoregular sus relaciones jurídicas; y de ejercer el derecho a la libertad contractual para crear relaciones fundadas en la buena fe.

En Venezuela, el principio de la autonomía de la voluntad se encuentra consagrado en el artículo 1159 del Código Civil, el cual establece lo siguiente: «Los contratos tienen fuera de Ley entre las partes. No pueden revocarse sino por mutuo consentimiento o por las causas autorizadas por la ley».

Para Mélich-Orsini[437], por autonomía de la voluntad se entiende, «el poder que el artículo 1159 del Código Civil reconoce a las voluntades particulares de reglamentar por sí mismas el contenido y modalidades de las obligaciones que se imponen».

El precitado autor Mélich-Orsini, indica que «… las partes contratantes determinan libremente y sin intervención de la ley, pero con una eficacia que el propio legislador compara con la de la ley, los contratos que ellas celebran; y lo hacen según sus intereses particulares, sin tener que sujetarse a las reglas del Código Civil, ni en cuanto a los tipos de contratos que prevé el Código Civil, ni en cuanto a las normas específicas que éste trae para cada contrato particular. En materia contractual debe tenerse, pues, como un principio, que la mayor parte de las disposiciones legales son supletorias de la voluntad de las partes, esto es, dirigidas tan solo a suplir el silencio o la insuficiencia de previsión de las partes»[438].

---

[436] De la Puente y Lavalle: *op. cit.*, p. 264.
[437] Mélich-Orsini: *op. cit.*, p. 27.
[438] Ibíd., p. 27.

Las consecuencias del principio de la libre autonomía de la voluntad de las partes son las siguientes:

>   a. Las partes pueden hacer cuantas convenciones se les ocurran. El Código solo ha reglamentado aquellos contratos más usuales. Al lado de ellos existe una infinidad de contratos posibles no reglamentados, que son los llamados contratos innominados[439]; b. Las partes pueden derogar en sus convenciones las reglas, aun orgánicas, de los contratos previstos por el Código y aun las reglas del mismo sobre las obligaciones en general[440]; c. Las partes pueden igualmente modificar la estructura del contrato[441].

Ahora bien, KELSEN aclara que esta autonomía de los sujetos participantes para obligarse recíprocamente y que es oponible al interés general, debe diferenciarse de la libertad individual de que gozan cada uno de estos para celebrar o no la convención, escoger con quien habrán de obligarse y determinar el contenido del orden jurídico convencional, obligándose con su contraparte a lo que mejor quieran, ejercitándose en el procedimiento creador de la convención; por lo que al ser los individuos libres en estas tres direcciones gozan de la igualdad individual que también queda comprendida dentro del llamado principio de la autonomía de la voluntad, puesto que este no nada más requiere la identidad entre los sujetos contratantes y lo que resultan obligados y facultados por la noma creada, sino también que los individuos hayan gozado de libertad e igualdad en el procedimiento que da nacimiento a la convención[442].

Ha reconocido la jurisprudencia arbitral que: «la atipicidad tiende a ser la nota distintiva de la contratación mercantil moderna, por la misma

---

[439] Ibíd., p. 28.
[440] Ídem.
[441] Ídem.
[442] KELSEN Hans: *El contrato y el tratado analizados desde el punto de vista de la teoría pura del derecho.* Editorial Nacional. México D. F. 1974. pp. 116 y 117.

creatividad de los empresarios al momento de satisfacer sus necesidades y en virtud de la libertad de configuración que el ordenamiento jurídico les confiere a través del postulado de la autonomía de la voluntad privada o de autodeterminación»[443].

En este sentido, el ejercicio de la libre autonomía de la voluntad permite a las partes llenar un vacío normativo, tal y como ocurre con el contrato de distribución de bienes y servicios. El poder de autorregulación permite a las partes satisfacer sus necesidades de encontrar una fórmula contractual que se adapte a sus requerimientos, y que, en principio, no se encuentra prevista expresamente en el ordenamiento jurídico.

Sin embargo, como ocurre con la mayoría de principios, la libertad de contratación no es plena, tiene sus limitaciones, ya que, tal y como lo indican los hermanos MAZEAUD, «la experiencia ha demostrado que un contrato no es forzosamente justo, que con frecuencia consagra el aplastamiento del débil por el fuerte, o las iniciativas de la gente sin escrúpulos»[444].

LALAGUNA indica que «cualquier forma de ejercicio de la autonomía de la persona en el orden jurídico es a la vez un acto humano libre y un comportamiento social»[445], y precisamente por tratarse de un comportamiento social, la libertad de actuación humana no puede ser total y absoluta, sino que debe tener sus límites para evitar abusos, y para alcanzar el bien común entre los individuos de la sociedad.

A continuación, se procederá con el análisis de los límites que encuentra el principio de la autonomía de la voluntad de las partes en el contrato de distribución comercial de bienes y servicios.

---

[443] Laudo arbitral entre Comcelulares F. M. LTDA. y Comunicación Celular S. A., Comcel S.A…, *op. cit.*, p. 82.
[444] MAZEAUD, Henri; Jean y Leon: *Derecho Civil, Parte segunda*. Vol. I, Obligaciones: el contrato, promesa unilateral. Ediciones Jurídicas Europa-América. Buenos Aires. 1960, p. 128.
[445] LALAGUNA: *op. cit.*, p. 873.

3. Límites al principio de la autonomía de la voluntad

Tal y como lo indica Mélich-Orsini[446], el poder de la voluntad de las partes no es absoluto e incondicionado. Otorgar carácter absoluto a la autonomía privada sería reconocer el imperio sin límite del arbitrio individual[447].

Fernández Sessarego es del criterio de que mucho se ha escrito sobre la crisis de la contratación clásica, pero opina que no es cierto que exista una crisis del contrato, sino más bien es un problema de delimitación de la libertad contractual, es decir, el problema radica en señalar sus límites de tal manera que no sean tan amplios que otorguen facultades excesivas ni tan angostos que lleguen a suprimir la propia autonomía privada[448].

Así, en lo concerniente a los límites de la libertad contractual, como en lo referente a la autonomía privada, es claro que esta no ofrece dificultades, pues es fácil comprobar que no es un principio absoluto, de ahí que la crisis de la autonomía privada sea un problema de límites[449].

El Código Napoleón estableció claramente los límites, que la mayoría de las legislaciones actuales aún preservan: «no se pueden derogar por convenios particulares, las leyes que interesen al orden público y a las buenas costumbres»[450].

En el mismo sentido, la legislación venezolana ha definido el límite a la autonomía de la voluntad en el artículo 6 del Código Civil, el cual es del tenor siguiente: «No pueden renunciarse ni relajarse por convenios

---

[446] Mélich-Orsini: *op. cit.*, p. 28.
[447] Díez-Picazo y Gullón: *op. cit.*, p. 375.
[448] Fernández Sessarego, Carlos: «El supuesto de la autonomía de la voluntad». *Gaceta Jurídica Revista de Actualidad Jurídica*. Tomo 75-B, p. 16.
[449] Ídem.
[450] Duguit, León: *Las transformaciones del derecho*. Buenos Aires. Editorial Heliasta. 1975, p. 194.

particulares las leyes en cuya observancia estén interesados el orden público o las buenas costumbres».

El referido artículo 6 del Código Civil fue interpretado por el Juzgado Segundo de Primera Instancia en lo Civil de la antigua Circunscripción Judicial del Distrito Federal, en sentencia del 2 de agosto de 1957, de la siguiente manera: «Respecto del artículo 6 del Código Civil, conviene precisar que todas las leyes son hechas con interés social, pero también son sancionadas en interés de los particulares. Hay algunas que interesan más directamente a los particulares que a la colectividad, y otras, al contrario, interesan más a la sociedad. Las primeras pueden ser renunciadas y relajadas por convenciones privadas, mientras que las segundas, que son aquellas en que están interesados el orden público y las buenas costumbres, no quedan en la voluntad de los particulares en cuanto a su cumplimiento. Las Leyes referentes a los contratos son hechas en interés de los individuos más que en el de la sociedad. Por eso al formular las disposiciones que rigen los diversos contratos, el legislador ha querido más que todo ahorrar el cuidado que han de tener aquellos en cuanto a sus estipulaciones, que no obligan a los terceros sino a los propios contratantes; salvo en los casos establecidos por la Ley»[451].

Para Mélich-Orsini, la potestad de la voluntad de las partes para constituir normas destinadas a regular las relaciones jurídicas no debe confundirse con la idea de soberanía, ya que «… a medida que se han ampliado las ideas acerca de la extensión de los fines del Estado (…) se le ha atribuido al mismo la función de procurar una transformación progresiva de las presentes estructuras económicas y sociales, se ha ido produciendo paralelamente una restricción del ámbito de la autonomía contractual. Se ha pasado así de un orden público negativo, como el que entendía caracterizarse en el artículo 6 del Código Napoleón (equivalente al ya citado

---

[451] *Jurisprudencia de los Tribunales de la República*. Vol. VI. Tomo I. 1957. Editorial Sucre. Caracas. 1960, p. 555.

artículo 6 de nuestro Código), a la idea de un «nuevo orden público» de carácter intervencionista que, a la larga, ha tendido a subvertir la ideología clásica sobre la libertad de contratación»[452].

Así, Mélich-Orsini indica que bajo la idea de procurar una efectiva igualdad en los hechos entre los contratantes, ha surgido una nueva legislación de orden público dirigida a proteger a los llamados «débiles jurídicos» por la vía del establecimiento de un contenido mínimo necesario del contrato[453].

En este sentido, opina el precitado autor que «a pesar de la gran mengua que el "nuevo orden público" implique en cuanto a la virtualidad del principio de la autonomía de la voluntad de las partes que consagra el artículo 1159 de nuestro Código Civil, es lo cierto que tal principio no ha dejado de regir en nuestro sistema jurídico positivo y que sería erróneo reducir entre nosotros el papel de la voluntad privada en los contratos a un mero instrumento técnico para obtener la sumisión de los particulares a los fines transpersonales del Estado»[454].

Tal y como se indicará a continuación, la libre autonomía de la voluntad de las partes en el contrato de distribución se encuentra limitada por el orden público, las buenas costumbres y por las normas imperativas.

3.1. *El orden público*

La doctrina mayoritaria ha considerado que la autonomía de la voluntad encuentra su límite más importante en el orden público[455].

---

[452] Mélich-Orsini: *op. cit.*, p. 29.
[453] Ídem.
[454] Ídem.
[455] Feldstein de Cárdenas, Sara: *Contratos Internacionales*. Abeledo-Perrot. Buenos Aires. 1995, p. 76.

Si bien autores como GIORDI afirman que el término «orden público» «tiene una significación tan vaga y extensa que mal podría hallarse una definición precisa»[456], otros la han definido como, un «conjunto de normas tendientes a salvaguardar la seguridad, la estabilidad, la paz, la salubridad y en general, el interés comunitario y el bien común»[457].

Por su parte, COUTURE indica que por «orden público» debe entenderse al «conjunto de valoraciones de carácter político, social, económico o moral, propias de una comunidad determinada, en un momento histórico determinado, que fundamentan su derecho positivo y que éste tiende a tutelar»[458].

A criterio de SANOJO, el orden público es «el conjunto de instituciones que vienen a formar la base de la sociedad, y desde que se halle interesado en el cumplimiento de alguna ley, ya los beneficios que ésta acuerda no puedan entenderse como propiedad del individuo a quien se le concede el derecho»[459].

Por otro lado, RIPERT y BOULANGER son del criterio de que el orden público constituye «la existencia de un interés superior de la colectividad que se opone en extensión a las convenciones particulares»[460].

Mientras que SALVAT ha indicado que «la noción de orden público resulta de un conjunto de principios de orden superior, políticos, morales

---

[456] GIORDI, Jorge: *Teoría de las Obligaciones*. Tomo 3. Editorial Reus S. A. Madrid. 1920, p. 399.
[457] MONROY, Marco: *Tratado de Derecho Internacional Privado*. Editorial Temis. Bogotá. 1999, p. 271.
[458] COUTURE, Eduardo: *Vocabulario Jurídico*. Editorial Martin Bianchi Altuna. República Oriental del Uruguay. 1960, p. 449.
[459] SANOJO, Luis: *Instituciones de Derecho Civil venezolano*. Tomo I. Caracas. Imprenta Nacional. 1873, p. 33.
[460] RIPERT, Georges y BOULANGER, Jean: *Tratado de Derecho Civil. Según el Tratado de Planiol*. Ediciones La Ley. Buenos Aires. 1974, pp. 321 y 322.

y algunas veces religiosos, a los cuales una sociedad considera estrechamente vinculados la existencia y conservación de la organización social establecida, por ejemplo: la separación de los distintos poderes que ejercen el gobierno, la libertad individual, la propiedad, etc.»[461].

Autores como PLANIOL opinan que existen dos clases de orden público. Una primera clase la integran las leyes de Derecho Público, o sea las que tratan de la organización y atribuciones de los poderes del Estado, de sus representantes y de los deberes de los particulares en materia política, electoral, régimen impositivo, entre otros. Se refieren a los supremos intereses del Estado. Dichas leyes son imperativas y frente a ellas la voluntad de los particulares carece de eficacia. La segunda clase de orden público comprende las Leyes de Derecho Privado que, por estar motivados por un interés general, su cumplimiento conviene no solo a los particulares, sino al grupo social del que ellos son parte[462].

Por su parte, GIORDI también indica sobre la existencia de dos tipos de orden público, y los denomina, «orden público primario» y «orden público secundario». En el primero agrupa las disposiciones perceptivas y prohibitivas que atañen directamente al bien público. El orden público secundario lo conforman normas que, si bien directamente van en interés de los particulares, indirectamente están dirigidas a lograr el bien público[463].

Sin embargo, CHACÓN[464] opina que no es fácil identificar a cada una de las clases de orden público propuestas por GIORDI, así como no es posible definir el concepto de «orden público» en su unidad compleja, tampoco es

---

[461] SALVAT, Raimundo: *Tratado de Derecho Civil argentino. Parte general*. Tomo I. Peuser S. A. Buenos Aires. 1954, p. 129.
[462] PLANIOL, Marcel: *Tratado elemental de Derecho Civil*. Tomo V. Editorial José M. Cajica Jr. México D. F. 1947, p. 160.
[463] GIORDI: *op. cit.*, p. 339.
[464] CHACÓN, Domingo: *Leyes de orden público y de buenas costumbres*. Caracas. 2004, p. 73.

factible trazar científicamente una línea clara de separación entre las dos especies indicadas.

La posición dominante en la doctrina es aquella que divide al orden público en: orden público interno y orden público internacional.

El llamado «orden público interno» es un *status* primordial determinado por normas jurídicas totalmente obligatorias en el territorio de un Estado; o sea, normas que exigen o prohíben de una manera inexcusable, delante de específicos supuestos, la realización de determinados actos u omisiones; es decir, normas que de ninguna manera pueden ser violadas por los particulares o que no sean aplicadas por los órganos que tienen el deber de hacerlo; o en otras palabras es aquel que obliga solo a nacionales y a domiciliados[465].

Para CAPITANT, el orden público interno es el «conjunto de instituciones y reglas destinadas a mantener en un país el buen funcionamiento de los servicios públicos, la seguridad y la moralidad de las relaciones entre particulares, y cuya aplicación en las convenciones no puede ser en principio excluida por los contratantes»[466].

En Venezuela, el orden público interno se encuentra establecido en el artículo 6 del Código Civil, el cual establece lo siguiente: «No pueden renunciarse ni relajarse por convenios particulares las leyes en cuya observancia estén interesados el orden público y las buenas costumbres».

El orden público internacional que «hace relación a la inaplicación de las normas extranjeras que siendo originariamente aplicables, pudieran vulnerar los principios fundamentales del ordenamiento jurídico del foro»[467].

---

[465] *Enciclopedia Jurídica Omeba*. Tomo XVI. Bibliográfica Omeba. Buenos Aires. 1962, pp. 58 y 59.
[466] CAPITANT: *op. cit.*, p. 405.
[467] MONROY: *op. cit.*, p. 273.

El orden público funciona como «un límite, por medio del cual se restringe la facultad de los individuos sobre la realización de ciertos actos, o se impide que éstos tengan efectos dentro de un orden jurídico específico»[468].

No obstante, parte de la doctrina prefiere hacer referencia al orden público económico, entendida como «el conjunto de reglas obligatorias en las relaciones contractuales relativas a la organización económica, a las relaciones sociales y a la economía interna de los contratos»[469].

Para el jurista español Díez-Picazo, el concepto de «orden público» no solo está constituido por las actividades del Estado dirigidas a conformar económicamente la sociedad, sino también por el conjunto de directrices básicas con arreglo a las cuales, en un momento dado, históricamente, se asientan la estructura y el sistema económico de esta misma sociedad. En consecuencia, a criterio del referido autor, «el orden público económico está constituido por aquellas reglas que son básicas en el orden jurídico global y con arreglo a las cuales en un momento dado aparece organizada la estructura y el sistema económico de la sociedad»[470].

Siguiendo la misma línea de argumentación, de Castro y Bravo indica que el orden público económico se exterioriza en mandatos legales imperativos (reglamentos, órdenes e instrucciones) cuya ejecución y exigibilidad se encuentra encomendada a la Administración y a sus distintos órganos[471].

Frente al orden público tradicional, caracterizado por su carácter negativo o prohibitivo, el orden público económico se presenta como un conjunto de obligaciones positivas impuestas a los distintos operadores económicos

---

[468] *Enciclopedia jurídica mexicana.* Tomo v. Porrúa-UNAM. México D. F. 2002, pp. 351-353.
[469] Díez-Picazo: *op. cit.* (*Fundamentos del Derecho…*), p. 53.
[470] Ídem.
[471] De Castro y Bravo: *op. cit.* (*Notas sobre las limitaciones…*), p. 1049.

con el fin de atender a lo que la Administración considere en cada momento como más conveniente a su plan económico[472].

La libertad de contratación es indispensable en nuestro régimen económico y social que se basa en la propiedad privada y en la libertad de trabajo. El legislador debe limitarse a prevenir sus excesos, protegiendo al contratante débil frente a las sorpresas y a las injusticias del contrato y especialmente, prohibiéndoles pactar sobre cuestiones que interesan al orden público o el interés social[473].

El orden público se encuentra por encima de la voluntad de las partes y está compuesto por una serie de disposiciones de mayor jerarquía que hacen posible la convivencia en las relaciones entre los particulares y que a su vez los limitan.

Tal y como se explicará más adelante, en Venezuela la actividad distributiva se encuentra regulada y limitada por un grupo de normas solapadas entre sí, las cuales son autodefinidas de orden público, y que podrían entrar en conflictos al momento de su aplicación.

3.2. *Las buenas costumbres*

Las buenas costumbres son el conjunto de convicciones de ética social imperantes en una sociedad, en un determinado momento histórico y en un lugar geográfico específico[474].

---

[472] Ídem.
[473] PLANIOL, Marcel y RIPERT, Jorge: *Tratado práctico de derecho civil francés*. Tomo VI. Las obligaciones. Cultural, S. A. La Habana. 1946, p. 30.
[474] SOTO COAGUILA, Carlos: «La Libertad de contratación: ejercicio y límites». *Derecho de las obligaciones del nuevo milenio*. Academia de Ciencias Políticas y Sociales. Caracas. 2007, p. 341.

Existen distintas posiciones en la doctrina en cuanto a las normas morales y las buenas costumbres. Por ejemplo, MANRESA y NAVARRO es del criterio de que la moral estaría constituida por «aquellos principios indiscutibles y generalmente admitidos que, sin poder determinarse para cada caso a priori, se comprende bien en los casos de oposición a las buenas costumbres»[475].

Para LALAGUNA, las normas morales serían aquellas que, ajenas al paso del tiempo, reflejan «principios éticos objetivos, cuya última instancia es la ley natural»[476].

Lo cierto es que no se podría asimilar la moral a la ética de cada individuo, considerando que lo que buscamos es un patrón aplicable a todas las personas integrantes de una comunidad en un momento histórico determinado.

Mayor aceptación encuentra la posición que ve en esta moral, más bien a lo que ordinariamente se practica por la generalidad de las personas honestas en una determinada comunidad y en un determinado momento, también, se dice, corresponde al criterio general de las personas honestas, recias en su proceder[477].

Con lo cual se concluye que a los efectos del límite de la autonomía de la voluntad, buenas costumbres o moral son concepto de similar contenido.

A criterio del jurista SALVAT, «no se puede establecer una enumeración taxativa de las leyes de orden público por más que el propósito sea loable: formular una clasificación de las leyes de orden público servirá para indicarle al juez el camino a seguir evitando el arbitrio del mismo»[478].

---

[475] MANRESA y NAVARRO: *op. cit.*, p. 381.
[476] LALAGUNA: *op. cit.*, p. 892.
[477] DÍEZ-PICAZO y GULLÓN: *op. cit.*, p. 377.
[478] SALVAT: *op. cit.*, p. 152.

Las buenas costumbres constituyen un límite al ejercicio de la libertad de contratación, las personas no pueden celebrar contratos que atenten contra las buenas costumbres de la sociedad, o simplemente las alteren, tampoco podrán incluir pactos o condiciones que atenten la moral o buenas costumbres[479].

El jurista Soto Coaguila es del criterio de que el orden público es una categoría genérica que comprende tanto las buenas costumbres como a las normas imperativas, y que bastaría referirse únicamente al orden público como único supuesto limitativo de la autonomía privada; sin embargo, considera el precitado autor que «… se deben mantener los supuestos específicos, buenas costumbres y normas imperativas, como límites a la autonomía privada en razón de que constituyen categorías jurídicas con características propias y que si bien se encuentran comprendidas dentro del concepto genérico de orden público, son de gran utilidad en el ejercicio profesional para el operador jurídico»[480].

3.3. *El principio de la buena fe contractual*

La buena fe en el cumplimiento de los contratos surgió a propósito del mecanismo de funcionamiento de los contratos innominados[481], y se encuentra ligada a la autonomía de la voluntad, en el uso que hacen las partes de dicha facultad para escoger los elementos que regulan su relación contractual, porque las partes manifiestan su consentimiento de buena fe en la suscripción del contrato, lo cual implica que no pueden ir en contra de sus propios actos y desconocer la naturaleza del mismo después de haberlo ejecutado[482].

---

[479] Soto Coaguila: *op. cit.*, p. 342.
[480] Ibíd., p. 343.
[481] De los Mozos, José Luis: *El principio de la buena fe. Sus aplicaciones prácticas en el Derecho Civil español.* Bosch Casa Editorial. Barcelona (España). 1965, p. 81.
[482] Laudo Arbitral de fecha 1.º de diciembre de 2006 en el caso Concelular S. A… *op. cit.*, p. 67.

De los Mozos indica que: «La ciencia del derecho, como ciencia práctica, no necesita, dogmáticamente, de un concepto general de la buena fe, porque este principio no es unívoco sino análogo, presentándose a la técnica interpretativa con significados diversos, tanto en cuanto a su forma (…) como respecto a su contenido (…) según las aplicaciones que del mismo hace el Derecho positivo»[483].

Si bien es cierto que el concepto de buena fe es uno de los más difíciles de precisar en el derecho, es uno de los principios de mayor importancia en el mundo jurídico, al punto de ser considerado por la doctrina como un «principio supremo y absoluto»[484], con tal transcendencia que codificaciones de vanguardia como el Código Civil alemán (*Bürgerliches Gesetz Buch*) han «instalado el principio de la buena fe en la cúspide del derecho de obligaciones»[485].

La doctrina distingue entre buena fe objetiva y buena fe subjetiva. Rodríguez-Matos[486] citando al italiano Betti, indica que «… la buena fe objetiva se podría caracterizar como un criterio de conducta que se funda sobre la fidelidad del vínculo contractual y sobre el compromiso de satisfacer la legítima expectativa de la otra parte: un compromiso en poner todos los recursos propios al servicio del interés de la otra parte en la medida exigida por el tipo de relación obligatoria de que se trate; compromiso en satisfacer íntegramente el interés de la parte acreedora a la prestación».

---

[483] De los Mozos: *op. cit.* (*El principio de la buena…*), p. 7.
[484] Enneccerus, Ludwig; Kipp, Theodor y Wolf, Martin: *Tratado de Derecho Civil. Derecho de obligaciones*. Tomo II. Vol. I. Librería Bosch. Barcelona (España). 1933, p. 19.
[485] Medicus, Dieter: *Tratado de las relaciones obligacionales*. Vol. I. Bosch Casa Editorial S. A. Barcelona (España). 1993, p. 74.
[486] Rodríguez-Matos, Gonzalo: «La buena fe en la ejecución del contrato». *Temas de Derecho Civil. Homenaje a Andrés Aguilar Mawdsley*. Tribunal Supremo de Justicia. Caracas. 2004, p. 420.

El referido autor indica que «la buena fe subjetiva ha sido caracterizada como una actitud que traduce la convicción o la voluntad de estar conforme a derecho y que permite al interesado escapar de los rigores de la ley, es decir, consiste en la concreta convicción que tiene un sujeto de obrar bien o conforme a derecho»[487].

En cuanto a las diferencias que existen entre ambos tipos de buena fe, DE LOS MOZOS indica que «una extiende o aplica una regla de conducta; la otra facilita una legitimación o configura una titularidad con base en aquella conducta (valorando la intención del sujeto, o su creencia o error), con lo que su función es distinta, a pesar de su unidad de origen y, por ello, difieren también en la forma de su instrumentación, presentando aspectos diferentes que se compaginan con las dos formas que tiene de presentarse el derecho: como normativa y como facultad»[488].

Para DÍEZ-PICAZO, la buena fe se caracteriza como un «patrón de conducta socialmente aceptable, que se traduce en un deber de cooperación y lealtad que se deben las partes del contrato para asegurar el logro de las expectativas esperadas por ambas al haber celebrado un contrato en particular»[489].

A pesar de lo anteriormente indicado, parte de la doctrina considera que es innecesaria la distinción entre buena fe objetiva y subjetiva, tal es el caso del jurista GALINDO GARFIAS, quien ha dicho lo siguiente: «... no considero adecuada la distinción que algunos autores hacen entre buena fe objetiva y buena fe subjetiva; antes bien, la considero fuente de confusiones. Reitero que la buena fe es una unidad de concepto y estimo que es siempre de naturaleza subjetiva, porque radica en el ánimo del sujeto

---

[487] Ibíd., p. 420.
[488] DE LOS MOZOS, José Luis: *Derecho Civil. Método, sistemas y categorías jurídicas*. Editorial Civitas. Madrid. 1988, p. 230.
[489] DÍEZ-PICAZO, Luis: «Prólogo» a la traducción de la obra: *El principio general de la buena fe* de F. WIEACKER. 2.ª, Editorial Civitas. Madrid. 1986, pp. 13 y 14.

autor de determinada conducta que exterioriza –o se oculta– la intención de aquel que observa un comportamiento, plausible o vituperable para el Derecho...»[490].

En Venezuela, el principio de la buena fe se encuentra consagrado en el artículo 1160 del Código Civil, el cual establece lo siguiente: «Los contratos deben ejecutarse de buena fe y obligan no solamente a cumplir lo expresado en ellos, sino a todas las consecuencias que se derivan de los mismos contratos, según la equidad, el uso o la ley».

Durante el desarrollo de las negociaciones y durante la formación del contrato las partes se deben comportar según la buena fe. La buena fe aparece aquí como regla de conducta, es decir, buena fe en sentido objetivo. Díez-Picazo indica que la buena fe se formula como un criterio general de comportamiento de las partes inclusive desde la etapa de negociación, que exige el veto de una conducta deshonesta y el deber de prestar al contratante todo aquello que este exige, como deberes de diligencia y cooperación[491].

Al respecto, Baudrit afirma lo siguiente: «... la buena fe debe estar presente en toda la vida del contrato: tratativas preliminares, formación, ejecución y extinción. La buena fe es uno de los elementos que califica positivamente el correcto ejercicio de los derechos –y la correcta ejecución de las obligaciones– de manera que si la conducta es de mala fe, el ejercicio de los derechos sería abusivo y la ejecución de las obligaciones sería incorrecta. Al abandonarse el campo de la buena fe, se ingresa al terreno de la ilicitud, lo que provoca si hay daño, la responsabilidad civil de indemnizarlo junto con los perjuicios. El ejercicio de los derechos propios tiene un límite cierto: la buena fe. Si se ejercita ese derecho con el

---

[490] Galindo Garfias, Ignacio: «El principio de la buena fe en el Derecho Civil». *Revista de la Facultad de Derecho de México*. Tomo xxxi. N.º 120. México D. F. 1981, p. 14.
[491] Díez-Picazo: *op. cit.* (*La doctrina de los propios...*), p. 139.

propósito de lesionar a otro sujeto, ese ejercicio está viciado, no puede tener amparo del sistema jurídico»[492].

No obstante, GALGANO considera que es en la etapa de negociación en donde la buena fe asume en particular el carácter de un deber de información de una parte respecto de la otra, pues cada una de ellas tiene el deber de informar las circunstancias que sean desconocidas para la otra y que puedan resultar determinantes para la prestación de su consentimiento, esto es aquellas por las cuales la otra parte si las hubiese conocido no habría contratado o habría contratado bajo condiciones diversas[493].

En este sentido, por ser el contrato de distribución un contrato innominado, las partes deberán actuar apegados al principio de la buena fe, especialmente durante el ejercicio del poder autorregulador mediante el pleno desarrollo del principio de la libre autonomía de la voluntad, es decir, durante la fase en la cual estas negociarán y decidirán los términos y condiciones que regularán la relación contractual.

En consecuencia, la buena fe también es una limitación al ejercicio de la libertad de contratación, ya que nadie puede contratar con engaños, abusando de su posición contractual para incorporar términos y condiciones abusivas[494].

3.4. *Los límites derivados de la ley*

A criterio de PLANIOL y RIPERT, en aras de limitar el campo de libertad de los contratantes en el momento de fijar el orden normativo de la convención,

---

[492] BAUDRIT CARRILLO, Diego: *Derecho Civil IV. Teoría general del contrato*. Vol. I. Editorial Juricentro. San José, Costa Rica. 1990, p. 68.
[493] GALGANO: *op. cit.*, p. 461.
[494] SOTO COAGUILA: *op. cit.*, p. 342.

se ha clasificado a las leyes en: supletorias o permisivas, prohibitivas y preceptivas[495].

Otra parte de la doctrina prefiere la clasificación de las leyes en atención a la obligatoriedad de su cumplimiento, es decir, en dividir a las leyes en aquellas cuyo cumplimiento no es obligatorio, de aquellas cuyo cumplimiento sí lo es.

El primer grupo son las llamadas «normas dispositivas», que Manresa y Navarro define como «reglas supletorias que expresan los efectos naturales de cada convenio, (que) constituyen una especie de modelo, del que se puede prescindir, en el que se puede tachar unas partes, sustituyéndolas por otras o suprimiéndolas. Son, en suma, indicaciones utilísimas que ahorran el previsor cálculo de todas las consecuencias, la reglamentación prolija de todas las obligaciones que el contrato puede engendrar»[496].

Se trata de normas cuyo cumplimiento *a priori* no es estrictamente obligatorio, ya que las partes pueden derogarlas o apartarlas si acuerdan otra cosa en el contrato. No obstante, vale la pena acotar que cuando se dice que está permitida la alteración de la regulación legal no imperativa de un determinado contrato, lo que se autoriza es la modificación, no ya de «la ley», sino del «esquema legal» de un contrato[497].

Además, la derogación no podrá conllevar la consecución de un fin ilícito, esto es, que no esté amparado por el ordenamiento jurídico, como podría ocurrir si se dejase el cumplimiento de lo pactado al arbitrio de uno de los contratantes, o se produjera la renuncia a un derecho inalienable o se alterase la naturaleza original del contrato.

---

[495] Planiol y Ripert: *op. cit.*, p. 228.
[496] Manresa y Navarro: *op. cit.*, p. 380.
[497] Reverte Navarro, Antonio: «Comentario al artículo 1255 del Código Civil». *Comentarios al Código Civil y compilaciones forales*. Tomo xvii. Vol. i. Editorial Edersa. 1993, p. 249.

Tal y como lo indican Díez-Picazo y Gullón, si es cierto que estas normas pueden ser desplazadas por la voluntad de las partes, no lo es menos que si están ahí es porque se trata de una reglamentación que responde a criterios de equidad y de justicia, principios que deberán ser mantenidos mientras no se sustituya la norma por otra que sea igual de justa o existe una causa razonable que lo justifique[498].

El segundo grupo de normas son las llamadas «leyes imperativas», las cuales son definidas por Manresa y Navarro como «aquellas que, o declaran expresamente su carácter de obligatorias, o se manifiestan como prohibitivas, o, aún sin eso, expresan motivos fundamentales de justicia que no pueden dejar en olvido los contratantes, o determinan los requisitos esenciales, sin los que el contrato no podría existir»[499].

Opinan Muñoz y Castro que las leyes imperativas no pueden en modo alguno ser renunciadas, puesto que las leyes, en cuanto inician su vigencia, por su propia naturaleza son obligatorias para todos aquellos individuos para los cuales destina, y de admitirse la posibilidad de su renuncia se estarían concediendo facultades a los particulares, a quienes se dirige la norma, para someterse a ella o no potestativamente, derogando por su sola voluntad disposiciones del Poder Legislativo jurídicamente válidas y nulificando con ello la autoridad del poder estatal. Aclaran que lo único que puede ser renunciado son los derechos que concede la norma, por parte del titular de los mismos[500].

La norma imperativa tiene un rango preferente, una jerarquía superior al precepto privado y a las normas supletorias o dispositivas. Su carácter coactivo impide que el sujeto no haga lo que manda hacer o haga lo que la

---

[498] Díez-Picazo y Gullón: *op. cit.*, pp. 392 y 393.
[499] Manresa y Navarro: *op. cit.*, p. 380.
[500] Muñoz, Luis y Castro Zavaleta, Salvador: *Comentarios al Código Civil*. Editorial Cárdena. México D. F. 1974, p. 106.

norma prohíbe hacer[501]. Sobre el particular, Messineo opina que, «salvo que la Ley disponga expresamente en el sentido de la derogabilidad, las normas sobre el contrato en general son imperativas e inderogables»[502].

Señala Stiglitz que «si la libertad contractual conviene a la economía liberal, habremos de concluir que el Estado debe acentuar sus controles para evitar que la 'libertad' engendre opresión. Se reclama entonces el control o la intervención del Estado, fundado en consideraciones sociales o humanizantes o solidaristas, como exigencia de paz social. Se descarta la 'libertad contractual' sin restricciones porque ello significa descontrol, desigualdad, anarquía, injusticia, desorden…»[503].

Continúa el autor diciendo que «el rol de la autonomía de la voluntad no puede traducirse en una supremacía absoluta de los derechos subjetivos contractuales, pues ello importaría lo mismo que admitir la inexistencia de límites impuestos a la libertad contractual, lo que implica una concepción antisocial»[504].

En síntesis, las normas imperativas son los dispositivos de obligatorio cumplimiento, mientras que el orden público está constituido por el conjunto de directrices que fundamentan el orden constitucional e imponen al Estado la actuación de dichos principios fundamentales.

El orden público económico se exterioriza en mandatos legales imperativos (reglamentos, órdenes e instrucciones) cuya ejecución y exigibilidad se encuentra encomendada a la Administración y a sus distintos

---

[501] Stiglitz, Rubén: *Autonomía de la voluntad y revisión del contrato*. Editorial Depalma. Buenos Aires. 1993, p. 27.
[502] Messineo, Francesco: *Manual de Derecho Civil y Comercial*. Tomo III. Editorial EJEA. Buenos Aires, pp. 6 y 7.
[503] Stiglitz: *op. cit.*, p. 40.
[504] Ibíd., p. 26.

órganos,[505] y que en ocasiones limita la libertad de contratación. El llamado «orden público económico» o «de protección», se caracterizará por perseguir el restablecimiento de la igualdad económica de las partes en el momento de la contratación.

El orden público pretende evitar que el económicamente débil sea víctima de explotación u opresión por el ejercicio abusivo o desmesurado de la libertad contractual que el empresario o proveedor de bienes y servicios puede generar a través de cláusulas denigrantes o vejatorias o términos contractuales abusivos contra los consumidores o usuarios.

El jurista LA CRUZ ha indicado lo siguiente: «el que posee el capital, el que posee las fuerzas naturales y las guía, no está en situación de igualdad para contratar con el obrero al que emplea individualmente, ni, por lo demás, con el consumidor al que vende sus productos»[506]. Y es que, allí donde la igualdad teórica entre los contratantes no hace más que disimular una profunda desigualdad práctica, la autonomía privada se transforma en el poder que uno de ellos tiene de imponer al otro sus condiciones.

Desde esta perspectiva, el orden público económico de protección pretende equilibrar la balanza, situando en el mismo nivel al débil y al poderoso, para así lograr un contrato justo para las partes. La protección de la parte económicamente débil, se logra mediante la regulación del contenido de ciertos contratos en los que exista una situación manifiesta de desigualdad entre los contratantes. En consecuencia, dicho contenido pasará a ser de derecho imperativo para las partes, lo que quiere decir que, en principio, estas no serán capaces de modificarlo o sustituirlo con base en la capacidad de autorregulación que les otorga el principio de la autonomía de la voluntad.

---

[505] DE CASTRO Y BRAVO: *op. cit.* (*Notas sobre las limitaciones...*), p. 1049.
[506] LA CRUZ *et al.*: *op. cit.*, p. 352.

Así, por ejemplo, la libre autonomía de la voluntad de las partes en un contrato de distribución de bienes y servicios que se ejecutará por las instancias del Poder Popular, el Poder Público, o por acuerdo entre ambos, a través de organizaciones socio-productivas bajo formas de propiedad social comunal, encontrará sus límites en la Ley Orgánica del Sistema Económico Comunal.

Otro ejemplo, la libre autonomía de la voluntad de las partes en un contrato de distribución de alimentos o productos sometidos a control de precios, encontrará sus límites en la Ley Especial de Defensa Popular contra el Acaparamiento, la Especulación, el Boicot y cualquier otra conducta que afecte el consumo de los alimentos o productos sometidos a control de precios[507], así como en la Ley Orgánica de Seguridad y Soberanía Agroalimentaria.

En este sentido, la autonomía de la voluntad de las partes encuentra sus límites en las normas legales imperativas o prohibitivas, no así a las dispositivas, ya que estas últimas pueden ser alteradas por los particulares.

Las normas prohibitivas y las imperativas son de obligatorio cumplimiento, por lo cual los contratantes deben sujetarse a ellas.

A continuación, se procederá con el análisis de las leyes imperativas o prohibitivas que limitan al contrato de distribución como instrumento para la comercialización de bienes y servicios en Venezuela.

3.5. Límites en materia de defensa de las personas en el acceso a bienes y servicios

La derogada Ley para la Defensa de las Personas en el Acceso a los Bienes y Servicios (en lo sucesivo LDPABYS) establecía límites al libre desenvolvi-

---

[507] *Gaceta Oficial de la República Bolivariana de Venezuela* N.º 38629, 21 de febrero de 2007.

miento del poder autoregulador de las partes en el contrato de distribución, ya que regulaba a todos los involucrados en la cadena de distribución, producción y consumo, entiéndase a: la importadora o el importador, el almacenador, el transportista, la productora o productor, fabricante, distribuidora o distribuidor y comercializadora o comercializador, mayorista y detallista de bienes y servicios.

La mayoría de las disposiciones contenidas en la derogada Ley eran catalogadas como normas imperativas, las cuales no podían ser renunciadas por las partes. Se trataban de limitaciones normativas que se sustentaban en el orden público económico, es decir, en la defensa del consumidor.

Sin embargo, con la entrada en vigencia de la Ley Orgánica de Precios Justos de 2015 que derogó expresamente a la Ley para la Defensa de las Personas en el Acceso a los Bienes y Servicios, dichas limitaciones quedaron suprimidas del nuevo texto legal.

El artículo 4 de la Ley Orgánica de Precios Justos establece expresamente que las disposiciones allí contenidas son de orden público y, por consiguiente, son irrenunciables por las partes. Sin embargo, el mismo artículo indica que las operaciones económicas que sean de interés particular y en las que no se afecte el interés colectivo, podrán ser objeto de conciliaciones o arreglos amistosos.

Dispone el artículo 2 *eiusdem* que quedan sujetos a las disposiciones de dicha Ley, las personas natural y jurídica de derecho público o privado, nacionales o extranjeras, que desarrollen actividades económicas en el territorio de la República Bolivariana de Venezuela, incluidas las que se realizan a través de medios electrónicos. Se exceptúan aquellas que por la naturaleza propia de la actividad que ejerzan se rijan por normativa legal especial.

En este sentido, a continuación se enumerarán las principales limitaciones que no pueden ser renunciadas por las partes en un contrato de distribución para la comercialización de bienes y servicios en Venezuela, de conformidad con la regulación establecida en la Ley Orgánica de Precios Justos.

i. Limitaciones en cuanto al precio
Tal y como se explicó con anterioridad en el presente trabajo, la Ley Orgánica de Precios Justos establece una serie de limitaciones relacionadas con la determinación del precio de los productos y/o servicios que se vayan a comercializar, estableciendo inclusive márgenes máximos de ganancia.

ii. La actividad de distribución es de utilidad pública y de interés social
El derogado artículo 6 de la Ley para la Defensa de las Personas en el Acceso a los Bienes y Servicios declaraba, de utilidad pública e interés social, todos los bienes necesarios para desarrollar las actividades de producción, fabricación, importación, acopio, transporte, distribución y comercialización de bienes y servicios.

Así mismo, el mencionado artículo disponía que el Ejecutivo Nacional podía iniciar la expropiación de los bienes pertenecientes a los sujetos sometidos a la aplicación de dicha Ley, sin que medie para ello declaratoria de utilidad pública o interés social por parte de la Asamblea Nacional.

Igualmente, se establecía que el Ejecutivo Nacional podía iniciar el procedimiento expropiatorio cuando se hubieren cometido ilícitos económicos y administrativos de acuerdo a lo establecido en el artículo 114 de la Constitución de la República Bolivariana de Venezuela y los artículos 16, 53 y cualquiera de los supuestos ilícitos administrativos previstos en los artículos 46, 47, 65, 66, 67, 68 y 69 de la referida Ley.

La Ley Orgánica de Precios Justos nada dispone sobre el tema, pero el Decreto con rango, valor y fuerza de Ley de Defensa Popular contra el Acaparamiento, la Especulación, el Boicot y cualquier otra conducta que afecte el consumo de los alimentos o productos sometidos a control de precios (en lo sucesivo Dldcaeb), establece en su artículo 4, que son de utilidad pública e interés social, todos los bienes necesarios para desarrollar las actividades de producción, fabricación, importación, acopio, transporte, distribución y comercialización de alimentos o productos sometidos a control de precios, e indica que, el «Ejecutivo Nacional podrá, sin mediar otra formalidad, iniciar la expropiación mediante decreto por razones de seguridad y soberanía alimentaria».

El Decreto con rango, valor y fuerza de Ley Orgánica de Seguridad y Soberanía Agroalimentaria (en lo sucesivo Dlossa), rige todas las actividades ejecutadas en el territorio nacional, relacionadas con la garantía de seguridad y soberanía agroalimentaria, tales como la producción, intercambio, distribución, comercialización, almacenamiento, importación, exportación, regulación y control de alimentos, productos y servicios agrícolas, así como de los insumos necesarios para su producción.

En el artículo 3 *eiusdem*, se indica que las disposiciones establecidas en el referido Decreto Ley son de orden público, y también declara de utilidad pública e interés social, los bienes que aseguren la disponibilidad y acceso oportuno a los alimentos de calidad y en cantidad suficiente a la población, así como las infraestructuras necesarias con las cuales se desarrollan dichas actividades; y que el Ejecutivo Nacional, cuando existan motivos de seguridad agroalimentaria, podrá decretar la adquisición forzosa, mediante justa indemnización y pago oportuno, de la totalidad de un bien o de varios bienes necesarios para la ejecución de obras o el desarrollo de actividades de producción, intercambio, distribución y almacenamiento de alimentos.

Como consecuencia de lo anteriormente indicado, se concluye que en Venezuela la ejecución de la actividad distributiva se encuentra limitada, toda vez que, al ser la misma catalogada de utilidad pública y de interés social, y al otorgarle amplios y discrecionales poderes al Ejecutivo Nacional en materia de expropiación y apropiación forzosa, el distribuidor deberá garantizar en todo momento una actividad acorde a los parámetros señalados.

iii. La actividad distributiva como servicio público esencial
El artículo 7 de la derogada LDPABYS establecía que la actividad de distribución de alimentos o productos declarados de primera necesidad era considerada como servicio público esencial, porque satisfacen necesidades del interés colectivo que atienden al derecho a la vida y a la seguridad del Estado. La Ley Orgánica de Precios Justos nada señala sobre la materia.

El DLDCAEB establece en su artículo 5 que las actividades de producción, fabricación, importación, acopio, transporte, distribución y comercialización de alimentos o productos sometidos a control de precios son considerados como servicios públicos esenciales, ya que satisfacen necesidades del interés colectivo que atienden al derecho a la vida y a la seguridad del Estado.

Así mismo, el referido artículo 5 *eiusdem* establece que el servicio público debe prestarse en forma continua, regular, eficaz, eficiente, ininterrumpida, en atención a la satisfacción de las necesidades colectivas; y que, cuando no se preste el servicio en tales condiciones, el órgano o ente competente del Ejecutivo Nacional podrá tomar las medidas necesarias para el cumplimiento de los fines del servicio público.

Definitivamente, el DLDCAEB establece como servicio público esencial, a la actividad distributiva de los productos sometidos a control de precios. De tal manera que se evidencia otro límite en la ejecución del contrato de distribución como instrumento para la comercialización de bienes y servicios en Venezuela.

iv. Del acaparamiento y del boicot
La Ley Orgánica de Precios Justos establece en el artículo 52 bajo el título de «acaparamiento», que los sujetos de aplicación de dicha Ley que restrinjan la oferta, circulación o distribución de bienes regulados por la Sundde, retengan los mismos, con o sin ocultamiento, serán sancionados con prisión de ocho a diez años. Igualmente serán sancionados con multa de hasta el 20 %, calculada sobre el valor de los ingresos neto anuales del infractor, en caso que concurran circunstancias agravantes.

En caso de reincidencia, la multa se aumentará a 40 %, y podrá ser sancionada con clausura del almacén, depósito o establecimiento, así como con la suspensión del Registro Único de Personas que Desarrollan Actividades Económicas.

El artículo 53 *eiusdem* señala por «boicot», a quienes conjunta o separadamente, desarrollen o lleven a cabo acciones, o incurran en omisiones que impidan de manera directa o indirecta la producción, fabricación, importación, acopio, transporte, distribución y comercialización de bienes, así como la prestación de servicios, serán sancionados con prisión de 12 a 15 años, y cuando dichas acciones u omisiones hubieren sido cometidas en detrimento del patrimonio público, los bienes serán además objeto de confiscación.

Así mismo, establece la norma que serán sancionados con la ocupación temporal del establecimiento hasta por 180 días prorrogable por una sola vez. En caso de contribuyentes especiales, serán sancionados con multa de hasta el 20 %, calculada sobre el valor de los ingresos neto anuales del infractor, en caso que concurran circunstancias agravantes, y en caso de reincidencia se aumentará a 40 %, y además implicará la clausura del almacén, depósito o establecimiento.

El Decreto con rango, valor y fuerza de Ley de Defensa Popular contra el Acaparamiento, la Especulación, el Boicot y cualquier otra conducta que afecte el consumo de los alimentos o productos sometidos a control de precios (en lo sucesivo DLDCAEB), establece que «toda conducta que signifique acaparamiento, especulación, boicot y cualquier otra que afecte el consumo de los alimentos o productos sometidos a control de precios, se considerará contraria a la paz social, al derecho a la vida y a la salud del pueblo».

En este sentido, el DLDCAEB dispone en su artículo 3 que las personas natural o jurídica, venezolana o extranjera, que se dedican a la producción, fabricación, importación, acopio, transporte, distribución y comercialización de alimentos o productos sometidos a control de precios, quedan sujetas a las normas del referido Decreto-Ley.

Como consecuencia de lo anterior, al artículo 20 DLDCAEB indica que «quien restrinja la oferta, circulación o distribución de alimentos o productos sometidos a control de precios, retenga dichos artículos, con o sin ocultamiento, para provocar escasez y aumento de los precios, incurrirá en el delito de acaparamiento y será sancionado con prisión de dos a seis años, y con multa de 130 UT a 20000 UT».

En cuanto al boicot, el artículo 24 de DLDCAEB establece que «quienes conjunta o separadamente lleven a cabo acciones que impidan, de manera directa o indirecta, la producción, fabricación, importación, acopio, transporte, distribución y comercialización de alimentos o productos sometidos al control de precios serán sancionados con prisión de dos a seis años, y con multa de 130 UT a 20000 UT».

Por otro lado, la Ley Orgánica del Sistema Económico Comunal (en lo sucesivo LOSEC) establece en su artículo 76, pena de prisión de dos a cuatro años, para aquellas personas naturales o las responsables de personas jurídicas que, conjunta o separadamente, impidan, obstaculicen o restrinjan el normal funcionamiento y resguardo, de la producción, distribución, transporte, comercialización, suministro de los bienes de consumo, servicios y saberes del sistema económico comunal.

Así mismo, indica el referido artículo 76 que también incurrirá en la pena anteriormente mencionada, las personas naturales o las responsables de personas jurídicas que, conjunta o separadamente, impidan el acceso a dichos bienes por parte de los consumidores y consumidoras.

Es importante resaltar que el artículo 2 de la LOSEC, define al sistema económico comunal, como «el conjunto de relaciones sociales de producción, distribución, intercambio y consumo de bienes y servicios, así como de saberes y conocimientos, desarrolladas por las instancias del Poder Popular, el Poder Público o por acuerdo entre ambos, a través de organizaciones socio-productivas bajo formas de propiedad social comunal», y el artículo 3 *eiusdem*, establece que dicha Ley es aplicable a «las comunidades organizadas, consejos comunales, comunas y todas las instancias y expresiones del Poder Popular, en especial a las organizaciones socio-productivas que se constituyan dentro del sistema económico comunal y de igual manera a los órganos y entes del Poder Público y las organizaciones del sector privado, en sus relaciones con las instancias del Poder Popular».

v. Limitaciones en cuanto al objeto
El derogado artículo 13 LDPABYS establecía la prohibición de importación, fabricación y comercialización de bienes cuyo consumo haya sido declarado nocivo para la salud por las autoridades nacionales o de su país de origen, y disponía, que serían sancionados quienes resultaran responsables de tales importaciones, quienes las fabricaran o comercializaran y las funcionarias o los funcionarios que las hayan autorizado, sin perjuicio de la responsabilidad civil y penal a que hubiere lugar. La Ley Orgánica de Precios Justos nada dispone sobre la materia.

El Dlossa, en su artículo 20 establece que corresponderá al Ejecutivo Nacional establecer medidas de contingencia y acciones de normalización del mercado de alimentos, productos e insumos agrícolas, cuando así lo considere a fin de evitar fluctuaciones erráticas del mercado y para regularizar su distribución e intercambio, así como restringir o prohibir la importación, exportación, distribución, intercambio o comercialización de determinados alimentos, productos, rubros e insumos agrícolas, o la prestación de determinados servicios para el agro y su industria.

Por otro lado, el referido Decreto Ley, en su artículo 20, le otorga al Ejecutivo Nacional a través de sus órganos competentes, realizar el balance nacional de alimentos e insumos agroalimentarios, con el objeto de determinar oportunamente su disponibilidad.

Así mismo, en su artículo 21, establece que el balance nacional de alimentos e insumos agroalimentarios, está integrado por los elementos relacionados con el consumo y necesidades alimentarias e insumos agroalimentarios siguientes: existencia de inventarios, producción interna, importaciones y exportaciones; y que el Ejecutivo Nacional instrumentará lo necesario para realizar el balance nacional de alimentos e insumos agroalimentarios, con el objeto de determinar oportunamente su disponibilidad.

No obstante, según lo dispuesto en el artículo 35 *eiusdem*, el Ejecutivo Nacional podrá establecer sujetos beneficiarios a los cuales se les otorgará prioridad para la colocación de productos agrícolas, suministro de insumos y uso de servicios requeridos en la producción, con el objetivo de transformar las relaciones de intercambio y el proceso de distribución. A tal efecto, el Ejecutivo Nacional, en conjunto con los Consejos Comunales de cada región, definirá los requerimientos mínimos para el suministro de insumos y servicios que garanticen las condiciones de producción por rubro y por región, e identificarán a los sujetos beneficiarios.

Vale la pena señalar que la Ley Orgánica de Precios Justos en su artículo 55 dispone que quien revenda productos de la cesta básica o regulados, con fines de lucro, a precios superiores a los establecidos por el Estado, por regulación directa o por lineamientos para establecimiento de precios, será sancionado con prisión de tres a cinco años, multa de 200 a 10000 Unidades Tributarias y comiso de las mercancías, se incluye la reventa a través de medios electrónicos, publicitarios o de cualquier índole que conlleve a la comisión de la infracción.

También hemos visto cómo en Venezuela se han dictado resoluciones en donde se obligan a determinadas empresas productoras, la venta al Estado de un porcentaje específico de su producción.

Tal es el caso de la Resolución 010/16 de la Jefatura del Comando para el Abastecimiento Soberano, la cual establece las Normas para regular los mecanismos, términos y condiciones de venta a empresas u otros entes públicos, de un determinado porcentaje del total de producción de una empresa pública o privada, o de un sector productivo, a los fines de estabilizar el abastecimiento oportuno a los Comités Locales de Abastecimiento y Producción (Clap).

De conformidad con lo dispuesto en el artículo 2 de dicha Resolución, las empresas públicas y privadas dedicadas a la producción de insumos o bienes de los sectores agroalimentario, de higiene personal y aseo del hogar, están obligados a vender el 50 % de su producción a Entes Públicos que indique el responsable del Vértice Construcción y Consolidación de un Nuevo Sistema de Distribución y Comercialización de la Gran Misión de Abastecimiento Soberano, atendiendo a los requerimientos de rubros específicos en determinadas regiones del país.

Sin dudas, se trata de una limitación a la libre disposición de la producción, que el productor debe tener en cuenta al momento de acordar el volumen que le asignará al distribuidor, de lo contrario no podrá con su obligación.

Por otro lado, debe tenerse en cuenta que, según Resolución N.° 006/16 de la Jefatura del Comando para el Abastecimiento Soberano[508], se estableció que el Servicio Nacional de Contrataciones, de oficio, procederá a la inscripción y habilitación en el Registro Nacional de Contratistas de las empresas con domicilio en la República, consejos comunales u organizaciones socioproductivas que produzcan, comercialicen o distribuyan: alimentos, sus materias primas e insumos, del sector agroproductivo e industrial nacional agroalimentario, fármacos, insumos y equipos médicos; productos para la higiene personal y aseo del hogar, así como cualesquiera otros productos o insumos necesarios para la ejecución de la Gran Misión Abastecimiento Soberano en procura del abastecimiento a través de los Comités Locales de Abastecimiento y Producción (CLAP).

En este sentido, se observa la existencia de límites en cuanto al objeto del contrato de distribución, toda vez que debe cumplirse con los requisitos anteriormente señalado para la distribución de determinados rubros.

3.6. *Limitaciones en materia de derecho de la competencia*

El derecho de la competencia, clásicamente, ha sido definido como «el conjunto de reglas que gobiernan las rivalidades entre los agentes económicos en la búsqueda y conservación de una clientela»[509].

Es decir, se refiere a «aquellas reglas que tienen por objeto el mantenimiento o el restablecimiento de la libre competencia entre las empresas que integran el mercado»[510].

---

[508] *Gaceta Oficial de la República Bolivariana de Venezuela* N.° 40994, del 22 de septiembre de 2016.
[509] PAYET, M. E.: *Droit de la concurrence et droit de la consommation*. Dalloz. París. 2001, p. 6.
[510] DECOCQ, André: *Droit de la Concurrence interne et communautaire*. LGDJ. París. 2002, p. 9.

Su finalidad será la consecución del interés general, ya que «la libre competencia es un medio para organizar la vida económica en la forma más conveniente posible para la comunidad en general»[511].

Según indica Morles Hernández, en el Derecho comparado existen tres sistemas para abordar el tratamiento de las prácticas restrictivas de la competencia: «a. prohibir, absolutamente, sin excepción, las colusiones entre empresas –sistema norteamericano–; b. prohibir solo algunas limitaciones de la competencia –las que constituyan un abuso o perjudiquen claramente la economía nacional–, c. prohibir, como regla general, y establecer excepciones relacionadas con limitaciones competitivas que puedan producir un beneficio mayor que el daño eventual que puedan causar. De esta última clase es el sistema venezolano»[512].

El Decreto con rango, valor y fuerza de Ley Antimonopolio consagra en su artículo 4 la siguiente prohibición general: «Se prohíben las conductas, prácticas, acuerdos, convenios, contratos o decisiones que impidan, restrinjan, falseen o limiten la competencia económica».

Así mismo, el artículo 9 de la referida Ley prohíbe los acuerdos, decisiones o recomendaciones colectivas o prácticas concertadas para:

> Fijar, de forma directa o indirecta, precios y otras condiciones de comercialización o de servicio. Limitar la producción, la distribución, comercialización y el desarrollo técnico o tecnológico. Restringir inversiones para innovación, investigación y desarrollo. Repartir los mercados, áreas territoriales, sectores de suministro o fuentes de aprovisionamiento entre competidores. Aplicar en las relaciones comerciales o de servicios, condiciones desiguales para prestaciones equivalentes que coloquen a unos competidores en situación de desventaja frente a otros. Subordinar o

---

[511] Sánchez Calero, Fernando: *Instituciones de Derecho Mercantil*. Vol. I. McGraw-Hill. Madrid. 2003, p. 118.
[512] Morles Hernández: *op. cit.*, t. I, p. 481.

condicionar la celebración de contratos a la aceptación de prestaciones suplementarias que, por su naturaleza o con arreglo a los usos del comercio, no guarden relación con el objeto de tales contratos.

Sin embargo, la dinámica de la competencia económica reconoce que, si bien los distintos acuerdos o acciones que resultan prohibidos expresamente por la Ley, aun cuando restrinjan o distorsionen la libre competencia, pueden llegar a ser permitidos como consecuencia de los efectos benéficos que a lo largo ellos producen.

Es por ello que dicha Ley consagró un régimen de excepciones (artículo 18) a las prácticas prohibitivas[513], al igual que lo hizo la derogada Ley para Promover y Proteger el Ejercicio de la Libre Competencia, excepciones que han sido desarrollada en el Reglamento N.º 1[514] y en la Resolución N.º SPPLC/036-95.

El referido régimen de excepciones se encuentra consagrado en el artículo 18 *eiusdem,* el cual es del siguiente tenor: «El presidente o presidenta de la República, en Consejo de Ministros podrá exceptuar la aplicación de las prohibiciones contenidas en este Decreto con rango valor y fuerza de Ley, cuando lo considere conveniente al interés de la Nación, en los siguientes casos:

1. La fijación directa o indirecta, individual o concertada de precios de compra o venta de bienes o servicios. 2. La aplicación de condiciones diferentes en las relaciones comerciales, para prestaciones similares o equivalentes que ocasionen desigualdades en la situación competitiva, especialmente, si son distintas de aquellas condiciones que se exigirían de existir una competencia efectiva en el mercado; salvo los casos de

---

[513] MOGOLLÓN ROJAS, Ivor: *Estudio sobre la legislación pro competencia venezolana.* Ediciones Liber. Caracas. 2000, p. 200.
[514] Reglamento N.º 1 de la Ley para Promover y Proteger el Ejercicio de la Libre Competencia, *Gaceta Oficial de la República de Venezuela* N.º 35202, del 3 de mayo de 1993.

descuentos por pronto pago, descuentos por volúmenes, menor costo del dinero por ofrecer menor riesgo y otras ventajas usuales en el comercio. 3. Las representaciones territoriales exclusivas y las franquicias con prohibiciones de comerciar otros productos.

Las excepciones establecidas cumplirán de manera concurrente, lo siguiente:

1. Contribuir a mejorar la producción, comercialización y distribución de bienes, la prestación de servicios y promover el progreso técnico y económico. 2. Aportar ventajas para los consumidores o usuarios.

La Superintendencia Antimonopolio es un órgano desconcentrado sin personalidad jurídica propia con capacidad de gestión presupuestaria, administrativa y financiera, y se rige por las disposiciones del Decreto con rango, valor y fuerza de Ley, sus reglamentos internos y por los lineamientos y políticas impartidas por el Ejecutivo Nacional por órgano del ministerio del poder popular con competencia en materia de comercio (artículo 19).

A continuación, se procederá con la enumeración de las principales limitaciones que la legislación del derecho de la competencia, establece al contrato de distribución en Venezuela:

i. En cuanto al precio por provisión del producto
El productor tiene el derecho de percibir el precio de la mercadería remitida al distribuidor[515].

El ejercicio de dicho derecho encuentra su límite en el artículo 11 del Decreto con rango, valor y fuerza de Ley Antimonopolio, el cual prohíbe los contratos entre los sujetos de aplicación del referido Decreto, en los que se

---

[515] FARINA: *op. cit.* (*Contratos comerciales...*), p. 417.

establezcan precios y condiciones de contratación para la venta de bienes o prestación de servicios a terceros, y que produzcan o puedan producir el efecto de restringir, falsear, limitar o impedir la competencia económica justa, en todo o parte del mercado.

Así mismo, el artículo 12 *eiusdem* prohíbe el abuso por parte del productor de su posición de dominio, en todo o parte del mercado nacional y, en particular, se prohíbe la imposición discriminatoria de precios y otras condiciones de comercialización o de servicios.

ii. En cuanto a la exclusividad
Se explicó en el capítulo anterior, que la exclusividad es una obligación complementaria, y que, de pactarse, el productor no podrá comercializar por sí o por terceros en la zona asignada al distribuidor los productos distribuidos u otros equivalentes[516].

No obstante, el pacto de exclusiva encuentra su límite en el artículo 9 del Decreto con rango, valor y fuerza de Ley Antimonopolio, el cual establece que el productor no podrá suscribir acuerdos, decisiones o recomendaciones colectivas o prácticas concertadas para repartir los mercados, áreas territoriales, sectores de suministro o fuentes de aprovisionamiento entre competidores.

La Resolución N.º SPPLC/036-95 del 28 de agosto de 1995, establece en su artículo 1 que se exceptúa de la prohibición arriba indicada, a los contratos de distribución exclusiva, no quedando amparado por dicha excepción los contratos de distribución exclusiva en los que:

> a. El distribuidor sea a su vez competidor del proveedor en la producción de los productos identificados en el contrato. b. Los productos identificados en el contrato solo pueden ser obtenidos por los clientes a través del

---

[516] Ídem.

distribuidor, y además no puedan proveerse de productos competidores dentro o fuera del territorio asignado. c. Los productos identificados en el contrato no se encuentren sometidos, en el territorio concedido, a la competencia efectiva de productos competidores, es decir, de productos idénticos o similares por razón de sus propiedades sus usos y sus precios. d. El acceso al mercado relevante de otros proveedores de productos competidores sea restringido. e. El proveedor determine de modo directo o indirecto los precios o condiciones de contratación para la reventa a terceros de los productos identificados en el contrato. f. El contrato se celebre por duración indeterminada o superior a cinco años.

Vale la pena resaltar que, según el artículo 4 de la Resolución N.º SPPLC/036-95 antes identificada, los contratos de distribución exclusiva que no se vean amparados por la excepción prevista en el artículo 1, podrán ser objeto de una autorización individual por parte de la Superintendencia Antimonopolio previa solicitud de los interesados.

Por último, es importante indicar que, de acuerdo con lo establecido en el artículo 3 de la Resolución N.º SPPLC/036-95, en los contratos de distribución en exclusiva, el distribuidor podrá imponerle al proveedor o productor, la obligación de «no suministrar o vender los productos identificados en el contrato, directamente a los clientes en el territorio asignado».

iii. Colaboración publicitaria
El contrato de distribución al ser un contrato de colaboración empresarial, ambas partes tienen interés en la captación del mercado, por lo que contractualmente el productor puede asumir compromisos publicitarios, con el fin de asistir al distribuidor en la estrategia de colocación de sus productos[517].

Sin embargo, de conformidad con lo establecido en el artículo 17 del Decreto con rango, valor y fuerza de Ley Antimonopolio, el productor

---

[517] Marzorati y Molina: *op. cit.*, p. 28.

no podrá desarrollar publicidad engañosa, entendida como todo acto que tenga por objeto, real o potencial, inducir a error al consumidor o usuario de un bien o servicio, sobre las características fundamentales de los mismos, su origen, composición y los efectos de su uso o consumo. Igualmente, la publicidad que tenga como fin la difusión de aseveraciones sobre bienes o servicios que no fueren veraces y exactas, que coloque a los agentes económicos que los producen o comercializan en desventaja ante sus competidores.

iv. No ejercer conductas, prácticas, acuerdos, convenios, contratos o decisiones que impidan, restrinjan, falseen o limiten la libre competencia
Según indica el artículo 4 del Decreto con rango, valor y fuerza de Ley Antimonopolio, el productor no podrá ejercer conductas, prácticas, acuerdos, convenios, contratos o decisiones que impidan, restrinjan, falseen o limiten la competencia económica.

v. No ejercer conducta tendiente a manipular los factores de producción, o distribución, en perjuicio de la libre competencia
De conformidad con lo establecido en el artículo 7 del Decreto con rango, valor y fuerza de Ley Antimonopolio, el productor no podrá ejercer ningún tipo de conducta tendiente a manipular los factores de producción, distribución, comercialización, desarrollo tecnológico o inversiones, en perjuicio de la competencia económica.

vi. No suscribir acuerdos o convenios a través de agrupaciones que restrinjan o impidan la libre competencia entre sus miembros
El productor no podrá suscribir acuerdos o convenios, que se celebren directamente o a través de uniones, asociaciones, federaciones, cooperativas y otras agrupaciones, que restrinjan o impidan la libre competencia entre sus miembros, esto según lo establecido en el artículo 8 del Decreto con rango, valor y fuerza de Ley Antimonopolio.

vii. No suscribir acuerdos, decisiones o recomendaciones colectivas o prácticas concertadas para aplicar condiciones desiguales

El productor no podrá suscribir acuerdos, decisiones o recomendaciones colectivas o prácticas concertadas para aplicar en las relaciones comerciales o de servicios, condiciones desiguales para prestaciones equivalentes que coloquen a unos competidores en situación de desventaja frente a otros; ni tampoco para subordinar o condicionar la celebración de contratos a la aceptación de prestaciones suplementarias que, por su naturaleza o con arreglo a los usos del comercio, no guarden relación con el objeto de tales contratos, todo esto de conformidad con lo establecido en el artículo 9 del Decreto con rango, valor y fuerza de Ley Antimonopolio.

En este sentido, el referido Decreto con rango, valor y fuerza de Ley Antimonopolio constituye otro claro ejemplo de normas prohibitivas e imperativas que limitan a la libre autonomía de la voluntad de las partes en el contrato de distribución comercial. No obstante, dicho Decreto establece procedimientos de excepción a tales limitaciones.

3.7. *Limitaciones en materia de derecho laboral*

El artículo 2 del Decreto con rango, valor y fuerza de Ley Orgánica del Trabajo, los Trabajadores y las Trabajadoras[518] establece que sus normas son de orden público y de aplicación imperativa, obligatoria e inmediata, priorizando la aplicación de los principios de justicia social, solidaridad, equidad y el respeto a los derechos humanos.

En reiteradas oportunidades la Sala de Casación Social del Tribunal Supremo de Justicia ha resaltado el carácter imperativo del principio fundamental del Derecho del Trabajo de la primacía de la realidad sobre las formas o apariencias[519].

---

[518] *Gaceta Oficial de la República Bolivariana de Venezuela* N.º 6076 extraordinario, del 7 de mayo de 2012.
[519] TSJ/SCS, sent. N.º 401, del 08-04-14.

Al respecto, la Sala ha indicado que «… en aplicación del principio fundamental de la primacía de la realidad sobre las formas o apariencias para esclarecer la verdad material de la relación jurídica que unió a las partes, no puede ser tomado como válido el argumento de la sentencia recurrida que determinó la existencia de una relación de carácter mercantil, por la suscripción del contrato de distribución entre la empresa creada por el actor y la demandada, y que él aceptó el ofrecimiento de simular una relación mercantil pero en beneficio de sus propios intereses. En consecuencia, la decisión del *ad quem*, quebrantó el principio de primacía de la realidad sobre las formas o apariencias, consagrado en el artículo 2 de la Ley Orgánica Procesal del Trabajo, y el artículo 9, literal c) del Reglamento de la Ley Orgánica del Trabajo, en concordancia con el artículo 89.1 de la Constitución de la República Bolivariana de Venezuela»[520].

En el ámbito del Derecho del Trabajo, las normas jurídicas son de estricto orden público y, por tanto, no pueden ser relajadas fundamentándose en el principio de la autonomía de la voluntad de las partes, pues se desvirtuaría su finalidad protectora.

Así, de acuerdo con la presunción de laboralidad, en toda relación que se da entre quien presta un servicio personal y quien lo reciba, le corresponderá a la parte que niega el carácter laboral de la misma demostrar que las condiciones de hecho en las que se desarrollaba dicha prestación excluyen la posibilidad de que sea calificada como una relación de trabajo.

En el caso del contrato de distribución, el objeto del mismo tiene carácter meramente mercantil, se trata de la ejecución de actos de comercios, en donde el distribuidor le compra bienes al productor con ánimo de revenderlos, es decir, es un contrato entre dos comerciantes.

---

[520] TSJ/SCS, sent. N.° 350, del 31-05-13.

No obstante, no han faltado casos en donde los sujetos contratantes, lejos de darle nacimiento a relaciones meramente comerciales, pretenden constituir una «relación laboral encubierta» mediante la utilización de distintas instituciones mercantiles, como, por ejemplo, el contrato de distribución.

Es decir, bajo la figura de un contrato mercantil se pretende conferirle al trabajador un *status* que no tiene, es decir, la de empresario prestador de un servicio.

La Oficina Internacional del Trabajo (OIT) define a la relación laboral encubierta de la siguiente manera: «Disfrazar una relación de trabajo significa crearle una apariencia distinta de la que en verdad tiene con el fin de anular, impedir o atenuar la protección que brinda la ley. Se trata pues de una acción destinada a ocultar o deformar la relación de trabajo, dándole otro ropaje, mediante una figura jurídica, o una forma distinta, en la cual, el trabajador gozará de menos protección. Una relación de trabajo encubierta puede servir para ocultar la identidad del empleador, cuando la persona designada como tal en realidad es un intermediario que libera al empleador de aparecer como parte en la relación de trabajo y, de esta manera, de la responsabilidad que debería asumir ante su personal»[521].

Una relación laboral encubierta se materializa cuando los patronos tratan de escapar de los costos y limitaciones que le acarrea la legislación del trabajo y la seguridad social, para lo cual ocultan las relaciones laborales que mantienen con sus trabajadores, bajo el disfraz de una vinculación jurídica de otra naturaleza, generalmente civil o mercantil[522].

---

[521] Informe v de la Conferencia Internacional del Trabajo, 95.ª reunión, 2006: «La relación de trabajo». Quinto punto del orden del día Oficina Internacional del Trabajo Ginebra. http://www.ilo.org/public/spanish/standards/relm/ilc/ilc95/pdf/rep-v-1.pdf.

[522] HERNÁNDEZ A., Oscar y RICHTER Jacqueline: *El trabajo sin tutela en Venezuela. Nuevas y viejas formas de desprotección laboral.* Universidad Central de Venezuela. Caracas. 2002.

El principio de la primacía de la realidad significa que en caso de discordia entre lo que ocurre en la práctica y lo que surge de documentos y acuerdos, debe darse preferencia a lo primero, es decir, a lo que sucede en el terreno de los hechos[523].

Al respecto, el Tribunal Supremo de Justicia en diferentes sentencias ha indicado lo siguiente: «La existencia de un contrato de compra venta mercantil entre dos personas jurídicas y la prestación del servicio personal por otra persona distinta a los demandantes, de manera ocasional, no son suficientes para desvirtuar la existencia de la relación de trabajo, pues de las pruebas examinadas por el juez de Alzada se evidencia que no fueron destruidos los elementos característicos de la relación de trabajo: prestación personal del servicio, labor por cuenta ajena, subordinación y salario, pues no basta la existencia de un contrato mercantil entre el patrono y un tercero y la prestación accidental del servicio por otra persona, por aplicación de los principios de irrenunciabilidad de los derechos del trabajo y de primacía de la realidad (...) para desvirtuar la presunción laboral, sino que debió el patrono demostrar con plena prueba que la prestación personal del servicio se efectuó en condiciones de independencia y autonomía, que permitieran al juez arribar a la absoluta convicción de que la relación jurídica que los vincula es de una condición jurídica distinta»[524].

Visto el carácter de orden público del Derecho del Trabajo, resulta erróneo pretender juzgar la naturaleza de una relación de acuerdo con lo que las partes hubieren pactado, pues, si las estipulaciones consignadas en el acuerdo de voluntades no corresponden a la realidad de la prestación del servicio, carecerán de valor.

---

[523] Pla Rodríguez, Américo: *Los principios del Derecho del trabajo*. Ediciones Depalma. Buenos Aires. 1978, p. 43
[524] TSJ/SCS, sent. N.° 61, del 16-03-00.

La Sala de Casación Social ha establecido que «si un trabajador y un patrono pudieran pactar que sus relaciones deben juzgarse como una relación de derecho civil, el derecho del trabajo dejaría de ser imperativo, pues su aplicación dependería, no de que existieran las hipótesis que le sirven de base, sino de la voluntad de las partes (...) pues no basta la existencia de un contrato mercantil entre el patrono y un tercero y la prestación accidental del servicio por otra persona, por aplicación de los principios de irrenunciabilidad de los derechos del trabajo y de primacía de la realidad, antes referidos, para desvirtuar la presunción laboral...»[525].

De tal manera que una relación laboral encubierta es considerada un fraude a la ley laboral, y quedará al descubierto gracias al principio de la primacía de la realidad sobre las formas o apariencias.

Es de advertir que el principio de la primacía de la realidad sobre las formas debe aplicarse con precaución, ya que no podemos permitir que distribuidores de mala fe pretendan obtener beneficios laborales del productor cuando en realidad entre ellos jamás existió una relación de trabajo.

Para que dicho principio tenga aplicación, deben estar presentes los elementos característicos de la relación de trabajo: i. Prestación personal del servicio; ii. labor por cuenta ajena; iii. subordinación y iv. salario.

Por otro lado, vale la pena resaltar que el artículo 47 del Decreto con rango, valor y fuerza de Ley Orgánica del Trabajo, los Trabajadores y las Trabajadoras define a la tercerización como la «simulación o fraude cometido por patronos o patronas en general, con el propósito de desvirtuar, desconocer u obstaculizar la aplicación de la legislación laboral...», y el artículo 48 establece expresamente que se prohíben «los contratos o convenios fraudulentos destinados a simular la relación laboral, mediante la utilización de formas jurídicas propias del derecho civil o mercantil».

---

[525] TSJ/SCS, sent. N.° 350, del 31-05-13.

Sin pretender profundizar en el tema, debe advertirse que el legislador venezolano cometió un error al catalogar a la tercerización de fraude laboral, ya que ambos conceptos no son sinónimos, toda vez que no es cierto que todos los casos de tercerización suponga un fraude a la ley.

De lo anteriormente indicado se puede concluir lo siguiente:

Las normas contenidas en nuestra ley laboral son de orden público, por lo que no podrán relajarse por las partes en el contrato de distribución en ejercicio de la libre autonomía de la voluntad de las partes.

En aquellos casos en donde los contratantes tengan la intención de constituir una relación laboral encubierta mediante el uso del contrato de distribución como una especie de antifaz que de la apariencia ficticia de una relación mercantil para esconder una relación laboral, será revelada gracias al principio del Derecho del Trabajo llamado «primacía de la realidad sobre los hechos».

La relación jurídica que surja en virtud de un contrato de distribución real, es decir, en aquel en donde no se pretenda encubrir una relación laboral, no estarán presente los elementos característicos de la relación de trabajo: prestación personal del servicio, labor por cuenta ajena, subordinación y salario, por lo que jamás podrá ser considerado un fraude a la ley.

3.8. *Limitaciones en otras leyes*

De conformidad con lo establecido en los artículos 2, 4 y 136 de la Constitución, la República Bolivariana de Venezuela se constituye en un Estado democrático, social de Derecho y de Justicia, federal descentralizado, cuyo Poder Público se distribuye entre el Poder Municipal, el Poder Estadal y el Poder Nacional.

Este modelo de Estado Constitucional se intentó modificar mediante una Reforma Constitucional sancionada por la Asamblea Nacional en noviembre de 2007, con el objeto de establecer un Estado Socialista, con la inclusión del Poder Popular como parte integrante del Poder Público junto con el Poder Municipal, el Poder Estadal y el Poder Nacional. Sin embargo, una vez sometida a consulta popular la referida Reforma Constitucional, la misma fue rechazada por el pueblo el 7 de diciembre de 2007.

No obstante el resultado de dicha consulta popular, la Asamblea Nacional procedió a sancionar una serie de leyes orgánicas a los fines de regular y dar nacimiento al llamado Poder Popular, dichas leyes son las siguientes: Ley Orgánica del Poder Popular, Ley Orgánica de las Comunas, Ley Orgánica del Sistema Económico Comunal, Ley Orgánica de Planificación Pública y Comunal, Ley Orgánica de Contraloría Social[526], y la Ley Orgánica del Sistema de Transferencia de Competencias y Atribuciones de los Estados y Municipios a las Organizaciones del Poder Popular[527].

Así mismo, siguiendo el objetivo de estructurar al Poder Popular y al Estado Comunal, se procedió con la reforma de la Ley Orgánica del Poder Público Municipal, y de las Leyes de los Consejos Estadales de Planificación y Coordinación de Políticas Públicas, y de los Consejos Locales de Planificación Pública[528].

Tal y como se explicará a continuación, estas nuevas leyes que configuran al llamado Poder Popular, regulan expresamente al contrato de distribución.

---

[526] Todas publicadas en la *Gaceta Oficial de la República Bolivariana de Venezuela* N.º 6011 extraordinario, del 21 de diciembre de 2010.

[527] El proyecto de esta Ley fue aprobado en primera discusión en la Asamblea Nacional el 21 de diciembre de 2010; para el 1.º de enero de 2013 aún estaba en discusión en la Asamblea Nacional.

[528] Todas publicadas en la *Gaceta Oficial de la República Bolivariana de Venezuela* N.º 6015 extraordinario, del 28 de diciembre de 2010.

i. El Poder Popular

El Poder Popular es el «ejercicio pleno de la soberanía por parte del pueblo en lo político, económico, social, cultural, ambiental, internacional, y en todo ámbito del desenvolvimiento y desarrollo de la sociedad, a través de sus diversas y disímiles formas de organización, que edifican el estado comunal» (artículo 2).

La Ley Orgánica del Poder Popular (en lo sucesivo LOPP), tiene por objeto «desarrollar y consolidar el Poder Popular, generando condiciones objetivas a través de los diversos medios de participación y organización establecidos en la Constitución de la República, en la ley y los que surjan de la iniciativa popular, para que los ciudadanos y ciudadanas ejerzan el pleno derecho a la soberanía, la democracia participativa, protagónica y corresponsable, así como a la constitución de formas de autogobierno comunitarias y comunales, para el ejercicio directo del poder» (artículo 1).

De conformidad con lo establecido en el artículo 6 de la LOPP, las deposiciones de dicha ley «son aplicables a todas las organizaciones, expresiones y ámbitos del Poder Popular, ejercidas directa o indirectamente por las personas, las comunidades, los sectores sociales, la sociedad en general y las situaciones que afecten el interés colectivo, acatando el principio de legalidad en la formación, ejecución y control de la gestión pública».

Ahora bien, entre los fines del Poder Popular establecidos en el artículo 7.6 de la LOPP, resalta que el Poder Popular deberá «establecer las bases que permitan al pueblo organizado el ejercicio de la contraloría social para asegurar que la inversión de los recursos públicos se realice de forma eficiente para el beneficio colectivo; y vigilar que las actividades del sector privado con incidencia social se desarrollen en el marco de las normativas legales de protección a los usuarios y consumidores».

Antes de proceder con el análisis de dicha norma, es importante resaltar que el artículo 8 de la LOPP define al control social de la siguiente manera: «Es el ejercicio de la función de prevención, vigilancia, supervisión, acompañamiento y control, practicado por los ciudadanos y ciudadanas de manera individual o colectiva sobre la gestión del Poder Público y de las instancias del Poder Popular, así como de las actividades privadas que afecten el interés colectivo».

Por su parte, la Ley Orgánica de Contraloría Social (LOCS), define en su artículo 2 a la contraloría social como «... una función compartida entre las instancias del Poder Público y los ciudadanos, ciudadanas y las organizaciones del Poder Popular, para garantizar que la inversión pública se realice de manera transparente y eficiente en beneficio de los intereses de la sociedad, y que las actividades del sector privado no afecten los intereses colectivos o sociales».

De las normas antes descritas se desprende que el Poder Popular, entendido como el ejercicio de la soberanía por parte del pueblo, podrá ejercer la contraloría social para vigilar que las actividades del sector privado con incidencia social se desarrollen en el marco de las normativas legales de protección a los usuarios y consumidores. Así mismo, se establece que en el ejercicio de la contraloría social, se velará para que las actividades del sector privado no afecten los intereses colectivos o sociales.

En este sentido, se constituye al Poder Popular como un nuevo contralor del cumplimiento de las normas de protección a los usuarios y consumidores, normas que, tal y como se indicó con anterioridad, regulan expresamente al contrato de distribución.

Es importante destacar que de acuerdo con el artículo 3 de la LOCS, «el propósito fundamental del control social es la prevención y corrección de comportamientos, actitudes y acciones que sean contrarios a los intereses sociales y a la ética en el desempeño de las funciones públicas, así como en las actividades de producción, distribución, intercambio, comercialización y suministro de bienes y servicios necesarios para la población, realizadas por el sector público o el sector privado».

De acuerdo con el artículo 7 de la LOCS, «la contraloría social se ejerce, de manera individual o colectiva, en todas las actividades de la vida social, y se integra de manera libre y voluntaria bajo la forma organizativa que sus miembros decidan. En todo caso, cuando su conformación sea de manera colectiva, todos y todas sus integrantes tendrán las mismas potestades».

De tal manera que la contraloría social se podrá ejercer en las actividades de producción, distribución, intercambio, comercialización y suministro de bienes y servicios, que sean realizadas inclusive por el sector privado.

Es por ello que, en el artículo 5 de la LOCS, se establece que para la prevención y corrección de conductas, comportamientos y acciones contrarios a los intereses colectivos, la LOCS tiene por finalidad promover y desarrollar la cultura del control social como mecanismo de acción en la vigilancia, supervisión, seguimiento y control de los asuntos públicos, comunitarios y privados que incidan en el bienestar común.

Por último, es importante destacar que, según el artículo 8.6 de la LOPP, el Poder Popular está constituido por los diferentes sistemas de agregación comunal y sus articulaciones, para ampliar y fortalecer la acción del autogobierno comunal. Dichas instancias son: los consejos comunales, las comunas, las ciudades comunales, las federaciones comunales, las confederaciones comunales y las que, de conformidad con la Constitución de la República, la ley que regule la materia y su reglamento, surjan de la iniciativa popular.

Antes de proceder con el análisis de las principales instancias del Poder Popular que influyen directa o indirectamente en el desarrollo de la actividad distributiva, es importante analizar el concepto de socialismo.

ii. El socialismo

El Socialismo se encuentra definido en el artículo 8.14 de la LOPP, y en el artículo 4.14 de la Ley Orgánica de las Comunas (en lo sucesivo LODC), de la siguiente manera: «es un modo de relaciones sociales de producción centrado en la convivencia solidaria y la satisfacción de necesidades materiales e intangibles de toda la sociedad, que tiene como base fundamental la recuperación del valor del trabajo como productor de bienes y servicios para satisfacer las necesidades humanas y lograr la suprema felicidad social y el desarrollo humano integral. Para ello es necesario el desarrollo de la propiedad social sobre los factores y medios de producción básicos y estratégicos que permita que todas las familias, ciudadanos venezolanos y ciudadanas venezolanas posean, usen y disfruten de su patrimonio, propiedad individual o familiar, y ejerzan el pleno goce de sus derechos económicos, sociales, políticos y culturales».

Si bien en el concepto antes transcrito no se hace mención expresa al término distribución, es de presumir que el mismo se encuentra inmerso en la norma, ya que la misma se refiere a la «recuperación del valor del trabajo como productor de bienes y servicios» para «satisfacer las necesidades humanas», «materiales e intangibles de toda la sociedad», por medio del «desarrollo de la propiedad social sobre los factores y medios de producción básicos y estratégicos», que permitan a los ciudadanos el disfrute de su patrimonio.

Tal y como se indicó a lo largo del presente trabajo, la distribución en su sentido amplio se refiere a los distintos modos de comercialización que recurre una empresa productora de bienes o servicios, encomendando a otra persona o empresa que los coloque en el mercado, ya sea por medio de terceros, o vendiendo directamente a los consumidores el producto o servicio de la empresa productora, adoptando la forma de comercialización[529]; y en su sentido estricto, es entendida como un medio determinado, con características propias, que utiliza el productor (o mayorista) para colocar su mercadería en el mercado[530].

A criterio de Brewer-Carías[531], de dicha definición se puede identificar los siguientes elementos básicos que configuran al socialismo: «i. un sistema de organización social y económico, ii. basado en la propiedad y administración colectiva o estatal de los medios de producción, y iii. en regulación por el Estado de las actividades económicas y sociales y de la distribución de los bienes, iv. buscando la progresiva desaparición de las clases sociales».

En este sentido, a continuación se procederá con el análisis de los consejos comunales como instancias que permiten al Poder Popular a ejercer el gobierno comunitario en la construcción del modelo socialista, y como este podría influir al contrato de distribución.

iii. Los consejos comunales
La primera mención que el ordenamiento jurídico venezolano hace sobre los Consejos Comunales, es anterior a la consulta popular sobre la propuesta de Reforma Constitucional; se trató de la Ley de los Consejos Comunales[532], la cual fue posteriormente reformada y elevada al rango de Ley Orgánica en 2009[533].

---

[529] Farina: *op. cit.* (*Contratos Comerciales...*), p. 403.
[530] Ibíd., p. 386.
[531] Brewer-Carías, Allan R.: «Sobre el Poder Popular y el Estado comunal en Venezuela (o de cómo se impone a los venezolanos un Estado Socialista, violando la Constitución, y en fraude a la voluntad popular)», http://www.allanbrewercarias.com.
[532] *Gaceta Oficial de la República Bolivariana de Venezuela* N.° 5806 extraordinario, del 10 de abril de 2006.
[533] *Gaceta Oficial de la República Bolivariana de Venezuela* N.° 39335, del 28 de diciembre de 2009.

De conformidad con lo establecido en el artículo 2 de la Ley Orgánica de los Consejos Comunales (en lo sucesivo LOCC), y en el artículo 15.1 de la Ley Orgánica del Poder Popular (LOPP), los consejos comunales, «… son instancias de participación, articulación e integración entre los ciudadanos, ciudadanas y las diversas organizaciones comunitarias, movimientos sociales y populares, que permiten al pueblo organizado ejercer el gobierno comunitario y la gestión directa de las políticas públicas y proyectos orientados a responder a las necesidades, potencialidades y aspiraciones de las comunidades, en la construcción del nuevo modelo de sociedad socialista de igualdad, equidad y justicia social».

El artículo 3 *eiusdem* establece que la «organización, funcionamiento y acción de los consejos comunales se rige por los principios y valores de participación, corresponsabilidad, democracia, identidad nacional, libre debate de las ideas, celeridad, coordinación, cooperación, solidaridad, transparencia, rendición de cuentas, honestidad, bien común, humanismo, territorialidad, colectivismo, eficacia, eficiencia, ética, responsabilidad social, control social, libertad, equidad, justicia, trabajo voluntario, igualdad social y de género, con el fin de establecer la base sociopolítica del socialismo que consolide un nuevo modelo político, social, cultural y económico».

La LOCC tiene por objeto regular la constitución, conformación, organización y funcionamiento de los consejos comunales como una instancia de participación para el ejercicio directo de la soberanía popular y su relación con los órganos y entes del Poder Público para la formulación, ejecución, control y evaluación de las políticas públicas, así como los planes y proyectos vinculados al desarrollo comunitario (artículo 1).

De las normas antes transcritas se evidencia que los consejos comunales son instancias que permiten al pueblo organizado a ejercer el gobierno comunitario en la construcción del modelo socialista.

iv. Las comunas

De conformidad con lo establecido en el artículo 5 de la Ley Orgánica de las Comunas (en lo sucesivo LODC), y con el artículo 15 de la Ley Orgánica del Poder Popular (LOPP), la comuna es un «espacio socialista que, como entidad local, es definida por la integración de comunidades vecinas con una memoria histórica compartida, rasgos culturales, usos y costumbres, que se reconocen en el territorio que ocupan y en las actividades productivas que le sirven de sustento, y sobre el cual ejercen los principios de soberanía y participación protagónica como expresión del Poder Popular, en concordancia con un régimen de producción social y el modelo de desarrollo endógeno y sustentable, contemplado en el Plan de Desarrollo Económico y Social de la Nación».

De acuerdo con el artículo 1 de la LODC, la Comuna es una entidad local donde los ciudadanos y ciudadanas en el ejercicio del Poder Popular, ejercen el pleno derecho de la soberanía y desarrollan la participación protagónica mediante formas de autogobierno para la edificación del estado comunal, en el marco del Estado democrático y social de derecho y de justicia.

La Comuna tiene como propósito fundamental la edificación del Estado comunal, mediante la promoción, impulso y desarrollo de la participación protagónica y corresponsable de los ciudadanos y ciudadanas en la gestión de las políticas públicas, en la conformación y ejercicio del autogobierno por parte de las comunidades organizadas, a través de la planificación del desarrollo social y económico, la formulación de proyectos, la elaboración y ejecución presupuestaria, la administración y gestión de las competencias y servicios que conforme al proceso de descentralización, le sean transferidos, así como la construcción de un sistema de producción, distribución, intercambio y consumo de propiedad social, y la disposición de medios alternativos de justicia para la convivencia y la paz comunal, como tránsito hacia la sociedad socialista, democrática, de equidad y justicia social (artículo 6).

Tal y como se explicará más adelante, las comunas y los concejos comunales tienen un rol protagónico dentro de la llamada economía comunal, y, por consiguiente, del denominado «sistema comunal».

v. La economía comunal

El artículo 4 de la LOCC, establece que por Economía comunal debe entenderse al «…conjunto de relaciones sociales de producción, distribución, intercambio y consumo de bienes, servicios y saberes, desarrolladas por las comunidades bajo formas de propiedad social al servicio de sus necesidades de manera sustentable y sostenible, de acuerdo con lo establecido en el Sistema Centralizado de Planificación y en el Plan de Desarrollo Económico y Social de la Nación».

Otra definición legal de economía comunal es la establecida en el artículo 18 de la ya referida Ley Orgánica del Poder Popular (LOPP), en donde se le define de la siguiente manera: «La economía comunal, es un ámbito de actuación del Poder Popular que permite a las comunidades organizadas la constitución de entidades económico-financieras y medios de producción, para la producción, distribución, intercambio y consumo de bienes y servicios, así como de saberes y conocimientos, desarrollados bajo formas de propiedad social comunal, en pro de satisfacer las necesidades colectivas, la reinversión social del excedente, y contribuir al desarrollo social integral del país, de manera sustentable y sostenible, de acuerdo con lo establecido en el Plan de Desarrollo Económico y Social de la Nación y la ley que regula la materia».

En este sentido, la economía comunal es el ámbito de actuación del Poder Popular (entendido como el ejercicio de la soberanía por parte del pueblo) que permite a las comunidades organizadas (consejos comunales) crear entidades para la producción, distribución, intercambio y consumo de bienes, servicios, saberes y conocimientos, desarrollados bajo forma de propiedad social comunal para satisfacer las necesidades colectivas.

De tal manera que los contratos de distribución que se suscriban entre las entidades de producción y de distribución creadas por las comunidades organizadas con el fin de participar en la economía comunal, deberán regirse por las normas de las ya referidas leyes del Poder Popular.

Tal y como se indicará a continuación, las relaciones entre las referidas entidades de producción y distribución se llevarán a cabo en el marco del Sistema Económico Comunal, en donde además, podrán participar las organizaciones del sector privado, con lo cual también deberán regirse por las leyes del Poder Popular.

vi. El Sistema Económico Comunal

El Sistema Económico Comunal se encuentra definido en el artículo 8.13, de la Ley Orgánica del Poder Popular (LOPP), en el artículo 4.13, de la Ley Orgánica de las Comunas (en lo sucesivo LODC), y en el artículo 2 de la Ley Orgánica del Sistema Económico Comunal (Losec), como el «conjunto de relaciones sociales de producción, distribución, intercambio y consumo de bienes y servicios, así como de saberes y conocimiento, desarrolladas por las instancias del Poder Popular, el Poder Público, o por acuerdo entre ambos, a través de organizaciones socio-productivas bajo formas de propiedad social comunal».

El artículo 3 de la Losec, establece que las disposiciones de dicha Ley, son aplicables a: «... las comunidades organizadas, consejos comunales, comunas y todas las instancias y expresiones del Poder Popular, en especial a las organizaciones socioproductivas que se constituyan dentro del sistema económico comunal y de igual manera a los órganos y entes del Poder Público y las organizaciones del sector privado, en sus relaciones con las instancias del Poder Popular».

No solo el contrato de distribución suscrito entre las entidades de producción y distribución creadas por las comunidades organizadas con el fin de participar en la economía comunal, deberá regirse por las normas de las ya referidas leyes del Poder Popular, sino también aquellos contratos de distribución suscritos entre las organizaciones del sector privado en sus relaciones con las instancias del Poder Popular.

El artículo 4.5 de la Losec, establece como una de las finalidades del sistema económico comunal, el «asegurar la producción, justa distribución, intercambio y consumo de bienes y servicios, así como de saberes y conocimientos, generados por las diferentes formas de organización socioproductiva, orientados a satisfacer las necesidades colectivas».

Es importante destacar que el artículo 7 de la Losec establece que el Ejecutivo Nacional, a través del Ministerio del Poder Popular con competencia en la materia objeto de dicha Ley, es el órgano coordinador de las políticas públicas relacionadas con la promoción, formación, acompañamiento integral y financiamiento de los proyectos socioproductivos, originados del seno de las comunidades, las comunas o constituidos por entes del Poder Público, conforme a lo establecido en el Plan de Desarrollo Económico y Social de la Nación, las disposiciones de esta Ley, su Reglamento y demás normativas aplicables.

De acuerdo con el artículo 8 *eiusdem* el órgano coordinador cuenta con las siguientes competencias: «... 1. Otorgar la personalidad jurídica a las organizaciones socioproductivas. 2. Dictar las políticas y lineamientos en materia de economía comunal, proyectos socioproductivos, formación, financiamiento, intercambio solidario y distribución que impulsen el desarrollo, consolidación y expansión del sistema económico comunal».

El Ejecutivo Nacional por medio del Ministerio del Poder Popular, dictará las políticas y lineamientos en materia de distribución que impulse al sistema económico comunal. La Unidad de Gestión Productiva, en su carácter de parte de la organización socioproductiva[534], tendrá la función de «asegurar que el manejo de la organización socioproductiva y sus beneficios estén orientados a la satisfacción de las necesidades de las comunidades a través de la producción, distribución, intercambio y consumo de bienes y servicios, saberes y conocimientos, pudiendo ser el intercambio de carácter solidario» (artículo 28 *eiusdem*).

De tal manera que, en el llamado Sistema Económico Comunal, resaltan dos instituciones con funciones contraloras de la actividad distributiva. La primera es el llamado «órgano coordinador», es decir, el Ejecutivo Nacional por medio del Ministerio del Poder Popular, y la segunda, la denominada «Unidad de Gestión Productiva».

En cuanto a sanciones relacionadas con la actividad distributiva, se destaca la establecida en el artículo 76 de la Losec, el cual establece que: «Las personas naturales o las responsables de personas jurídicas que, conjunta o separadamente, impidan, obstaculicen o restrinjan el normal funcionamiento y resguardo, de la producción, distribución, transporte, comercialización, suministro de los bienes de consumo, servicios y saberes del sistema económico comunal, serán penados o penadas con prisión de dos a cuatro años. Igualmente, incurrirán en la pena prevista en este artículo, las personas naturales o las responsables de personas jurídicas que, conjunta o separadamente, impidan el acceso a dichos bienes por parte de los consumidores y consumidoras».

Por último, es importante resaltar que la Ley Orgánica de las Comunas (LODC) crea la llamada «justicia comunal», la cual de conformidad con su

---

[534] El artículo 25 de la Losec, establece: La organización socioproductiva estará conformada por las siguientes unidades: 1. Unidad de Administración: Conformada por tres voceros o voceras. 2. Unidad de Gestión Productiva: Conformada por tres voceros o voceras. 3. Unidad de Formación: Conformada por tres voceros o voceras. 4. Unidad de Contraloría Social: Conformada por tres voceros o voceras.

artículo 56, es definida como «un medio alternativo de justicia que promueve el arbitraje, la conciliación, la mediación y cualquier otra forma de solución de conflictos, ante situaciones derivadas directamente del ejercicio del derecho a la participación y a la convivencia comunal, de acuerdo a los principios constitucionales del Estado democrático y social de derecho y de justicia, sin contravenir las competencias legales propias del sistema de justicia ordinario».

Así mismo, el artículo 57 *eiusdem* establece que «la ley respectiva establecerá la naturaleza, los procedimientos legales, las normas y condiciones para la creación de una jurisdicción especial comunal, donde se prevea su organización y funcionamiento, así como las instancias con competencia para conocer y decidir en el ámbito comunal, donde los jueces o juezas comunales serán elegidos o elegidas por votación universal, directa y secreta de los y las habitantes del ámbito Comunal mayores de quince años».

Es probable que controversias relacionadas con contrato de distribución suscrito entre entidades de producción y distribución creadas por las comunidades organizadas con el fin de participar en la economía comunal, así como relacionadas con los contratos de distribución suscritos entre las organizaciones del sector privado en sus relaciones con las instancias del Poder Popular, puedan ser dirimidos ante la referida Jurisdicción Comunal.

Conclusiones

El origen de la distribución comercial se sitúa en el momento en el cual el hombre primitivo supera la fase de autoconsumo, y realiza los primeros intercambios comerciales. Sin embargo, es gracias a la Revolución Industrial que la distribución comercial empieza a evolucionar y a formar parte importante de toda economía.

El contrato de colaboración empresarial de distribución surge como un mecanismo para regular la comercialización de bienes o servicios, que permite ampliar el alcance de los negocios del productor, excluyendo los costos de comercialización de su estructura empresarial y permitiendo concentrar las inversiones de capital en su actividad principal: la productiva, obteniendo mayores beneficios con menos riesgos.

A pesar del interés económico, jurídico y social que genera el contrato de distribución dentro del comercio moderno, ha recibido una escasa atención en la doctrina venezolana, a diferencia de lo ocurrido en países como España y Francia.

El vocablo «distribución» se ha empleado en la doctrina mercantil en dos sentidos: el amplio, que enfatiza fundamentalmente en la actividad intermediadora y que comprende a las diversas formas jurídicas mediante las cuales una persona o empresa coloca en el mercado bienes o servicios que genera otra empresa (agencia, franquicia, distribución, etc.), y en un sentido estricto (o restringido) referido a un modo particular de vinculación entre la empresa productora y el sujeto que coloca los productos en el mercado, es decir, el distribuidor.

El contrato de distribución en su sentido estricto es bilateral, oneroso, conmutativo, consensual, principal, de tracto sucesivo, típico, entre vivos, paritarios o de adhesión (según el caso), individual, *intuito personae,* causado, interno o internacional (según el caso), privado o público (según el caso) y de colaboración empresarial.

El contrato de distribución está caracterizado en nuestro derecho como un contrato típico, debido a su uso reiterado en la práctica comercial, configurándose así, la llamada «costumbre mercantil». En este sentido, las partes harán uso de la delegación que les hace el Código Civil, al permitirles adoptar sus propias formulaciones contractuales, en vez de recurrir a las figuras tradicionales, para conseguir más eficazmente sus propios fines.

La autonomía privada le da vida al contrato de distribución, gracias a los elementos que la componen; estos son la soberanía de la voluntad y la fuerza obligatoria de la voluntad, pues mientras que el primero le permite a las personas crear nuevas figuras contractuales cuando las existentes no logran alcanzar los intereses que se han propuesto, el segundo, le otorga fuerza a dicha disposición de intereses, evitando que los individuos se sustraigan a su cumplimiento.

El contrato de distribución genera obligaciones para ambas partes, las cuales deben interpretarse desde la pauta general de buena fe, y con un criterio esencialmente colaborativo, ya que el productor y el distribuidor actúan en constante colaboración en aras de obtener un resultado beneficioso a ambos.

De tal manera que el productor tendrá derechos a determinar el precio de venta a terceros del producto, cobrar el precio por provisión del producto y tendrá derecho a fiscalizar al distribuidor.

El productor tendrá que cumplir con los siguientes deberes y obligaciones: provisión de productos, respeto de exclusividad, deber de información, colaboración publicitaria, pago de indemnización por rescindir el contrato antes del vencimiento del plazo y garantía de evicción y vicios redhibitorios.

Por otro lado, el distribuidor tendrá derecho a recibir el suministro de productos y a percibir el margen de reventa. Mientras que tendrá el deber de contar con una organización empresarial apta, vender los productos o servicios a terceros consumidores, cumplir con el mínimo de compras acordado, pagar el precio por provisión de productos, realizar una actividad de captación del mercado en la zona de distribución, respetar la zona asignada, permitir una fiscalización razonable del productor y usar las marcas bajo los términos acordados.

Se evidenció que los deberes y obligaciones del distribuidor son mucho más extensos e intensos que los del productor, confirmando la situación dominante que tiene el productor frente al distribuidor en la relación contractual.

La principal diferencia que existe entre el contrato de agencia y el contrato de distribución radica en el hecho de que el distribuidor no actúa en nombre y por cuenta de un tercero, sino que lo hace en nombre y por cuenta propio. Por su parte, el contrato de distribución se diferencia del contrato de franquicia, porque el franquiciante recibe una retribución llamada *royalty* que consiste en un precio o porcentaje fijo, mientras que el distribuidor lo que recibe es una remuneración sobre las diferencias entre el precio que adquirió la mercadería al productor y la venta a los consumidores.

Otra diferencia entre franquicia y distribución es que en la franquicia se regula el *know how*, dando el franquiciante toda la asistencia y conocimiento indispensable al franquiciado para la explotación comercial (manuales, asesorías), ocurriendo una cesión de auténticas prestaciones tecnológicas, mientras que en la distribución dicha cesión no ocurre necesariamente, ya que el distribuidor normalmente utiliza sus propios símbolos y distintivos, no se incluye la transmisión de derechos de propiedad industrial o *know how*.

Por otro lado, el contrato de distribución se diferencia del contrato de comisión, por cuanto el primero es un contrato de duración[535], ya que está destinado a perdurar por un período de tiempo; mientras que la temporalidad en el contrato de comisión se caracteriza por ser esporádica y no por perdurar en el tiempo, ya que es especifico, refiriéndose a un acto u operación de comercio.

A pesar de que el contrato de distribución en Venezuela es un contrato típico, debido a su utilización en el comercio (costumbre mercantil normativa), este se encuentra regulado en un conjunto de normas dispersas dentro del ordenamiento jurídico venezolano, que se encuentran principalmente conglomeradas en tres vertientes: por un lado, por la legislación que regula la libre competencia; por el otro, por la legislación de defensa de las personas en el acceso a los bienes y servicios, y por las normas del llamado Poder Popular, vertientes todas que limitan el pleno desenvolvimiento de la libre autonomía de la voluntad de las partes.

El principio de autonomía de la voluntad es un principio jurídico esencial que domina la materia de los actos jurídicos tocantes a las relaciones de orden económico patrimonial, y consiste en que los particulares puedan ejecutar todos los actos jurídicos que quieran, y de hacerles producir las consecuencias jurídicas que les convengan, siempre que no se trate de un acto o de un efecto jurídico prohibido por una disposición expresa de la ley.

En este sentido, la autonomía de la voluntad o autonomía privada encuentra sus manifestaciones más importantes en el sistema de contratación civil en el desarrollo del principio de libertad de contratar y en el

---

[535] FARINA: *op. cit.* (*Contratos comerciales...*), p. 407.

principio de la libertad contractual. La libre autonomía de la voluntad de las partes en el contrato de distribución se encuentra limitada por el orden público, las buenas costumbres y por las normas prohibitivas e imperativas. Las normas prohibitivas y las imperativas son de obligatorio cumplimiento, por lo cual los contratantes deben sujetarse a ellas.

Un ejemplo de este tipo de norma es el Decreto con rango, valor y fuerza de Ley Orgánica de Precios Justos, la cual establece límites al libre desenvolvimiento del poder autoregulador que las partes puedan tener en el contrato de distribución.

Otro ejemplo de normas prohibitivas e imperativas es el Decreto con rango, valor y fuerza de Ley Antimonopolio, el cual prohíbe expresamente determinados actos, entre los cuales se destacan: los acuerdos, decisiones o recomendaciones colectivas o prácticas concertadas para fijar precios y otras condiciones de comercialización de servicios; limitar la producción, distribución y desarrollo técnico o tecnológico de las inversiones; repartir los mercados, áreas territoriales, sectores de suministro o fuentes de aprovisionamiento entre competidores; aplicar en las relaciones comerciales o de servicio condiciones desiguales para prestaciones equivalentes entre competidores.

Sin embargo, la dinámica de la competencia económica reconoce que, si bien los distintos acuerdos o acciones que resultan prohibidos expresamente por la Ley, aun cuando restrinjan o distorsionen la libre competencia, pueden llegar a ser permitidos como consecuencia de los efectos benéficos que a lo largo ellos producen.

Es por ello que se establece un régimen de excepciones a las prácticas prohibitivas, actualmente desarrollada en el Reglamento N.º 1 y en la Resolución N.º SPPLC/036-95.

Bibliografía

Aguilar Gorrondona, José Luis: *Cosas, bienes y derechos reales. Derecho Civil II*. 6.ª, UCAB. Caracas. 2001.

Aguilar Guerra, Osman Vladimir: *El negocio jurídico*. 5.ª, Editorial Serviprensa S. A. Guatemala. 2006.

Albornoz, Paul: *Curso de Derecho Mercantil*. Ediciones Líber. 2010.

Alonso Soto, Ricardo: *El Contrato de agencia. Lecciones de Derecho Mercantil*. 4.ª, Editorial Thomson Civitas. Navarra. 2006.

Alpízar, Ruth; Brenes, Rodrigo y López, Ana María: *La contratación desde la perspectiva del consumidor*. Investigaciones Jurídicas. San José, Costa Rica. 2005.

Alterini, Atilio Aníbal: *Contratos civiles, comerciales, de consumo. Teoría General*. Editorial Abeledo Perrot. Buenos Aires. 1999.

Aparicio, Juan Manuel: *Contratos. Primera parte general*. Editorial Hammurabi, S. R. L. Buenos Aires. 1997.

Arce Gargollo, Javier: *Contratos mercantiles atípicos*. 2.ª, Editorial Trillas. México D. F. 1989.

Arrubla Paucar, Jaime: *Contratos mercantiles. Contratos atípicos*. Tomo II. 3.ª, Biblioteca Jurídica Diké. Bogotá. 1998.

Ballesteros, José: *Las condiciones generales de los contratos y el principio de la autonomía de la voluntad*. José María Bosch Editor. Barcelona (España). 1999.

Barbieri C., Pablo: *Contratos de empresa*. Editorial Universidad. Buenos Aires. 1998.

Baudrit Carrillo, Diego: *Derecho Civil IV. Teoría General del Contrato*. Vol. I. Editorial Juricentro. San José, Costa Rica. 1990.

BEJARANO SÁNCHEZ, Manuel: *Obligaciones civiles*. 3.ª, Editorial Harla S. A. México D. F. 1984.

BERCOVITZ RODRÍGUEZ-CANO, Rodrigo: *Comentarios a la sentencia del Tribunal Supremo de 8 de noviembre de 1995*. Editorial CCJC. Madrid. 1996.

BERMÚDEZ, Guillermo: *La franquicia: elementos, relaciones y estrategias*. Editorial ESIC. 2002.

BETTI, Emilio: *Teoría general del negocio jurídico*. Ediciones Revista de Derecho Privado. Madrid. 1959.

BONIVENTO JIMÉNEZ, José: *Contratos mercantiles de intermediación, representación, mandato, comisión, preposición, agencia comercial, corretaje. Doctrina-Jurisprudencia*. 2.ª, Ediciones Librería del Profesional.

BREWER-CARÍAS, Allan R.: «Sobre el Poder Popular y el Estado comunal en Venezuela (o de cómo se impone a los venezolanos un Estado Socialista, violando la Constitución, y en fraude a la voluntad popular)», http://www.allanbrewercarias.com.

CANO RICO, José Ramón y SERRA MALLOL, Antonio: *Manual práctico de contratación mercantil. Contratos mercantiles en general*. Tomo I. 3.ª, Editorial Tecnos. Madrid. 1993.

CAPITANT, Henri: *Vocabulario jurídico*. Ediciones Depalma. Buenos Aires. 1961.

CÁRDENAS MEJÍA, Juan Pablo: *El contrato de agencia mercantil*. Editorial Temis. Bogotá. 1984.

CASAS DE CHAMORRO, María Luis: *Una aplicación acertada de la teoría de la frustración del fin del contrato*. La Ley. 1997.

CASARES, Javier y REBOLLO, Alfonso: *Distribución comercial*. Civitas. Madrid. 1996.

CAUMONT, Arturo: *La denominada contratación moderna. Instituciones de Derecho Privado Moderno*. Abeledo Perrot. Buenos Aires. 2001.

CHACÓN, Domingo: *Leyes de orden público y de buenas costumbres*. Caracas. 2004.

Colin, Ambrosio y Capitant, Henri: *Curso Elemental de Derecho Civil.* 3.ª, Instituto Editorial Reus. Madrid. 1952.

Comisión de la Comunidad Europea: *Libro verde sobre las restricciones verticales en la política de competencia comunitaria.* N.º 14. 1997.

Contreras Ortiz, Rubén Alberto: *Obligaciones y negocios jurídicos civiles. Parte General.* Editorial Talleres Gráficos de Serviprensa S. A. Guatemala. 2004.

Corsi, Luis: «Contribución al estudio de las cláusulas de exoneración y limitación de la responsabilidad contractual». Separata de la *Revista de Derecho* N.º 7. Tribunal Supremo de Justicia. Caracas.

Couture, Eduardo: *Vocabulario Jurídico.* Editorial Martin Bianchi Altuna. República Oriental del Uruguay. 1960.

De Castro y Bravo, Federico: *El negocio jurídico.* Editorial Civitas. Madrid. 1985.

_____: «Notas sobre las limitaciones intrínsecas de la autonomía de la voluntad. La defensa de la competencia. El orden público. La protección al consumidor». *Anuario de Derecho Civil.* Vol. IV. Madrid. 1982.

De la Puente y Lavalle, Manuel: *El contrato en general.* Tomo I. Palestra Editores. Lima.

De los Mozos, José Luis: *Derecho Civil. Método, sistemas y categorías jurídicas.* Editorial Civitas. Madrid. 1988.

_____: *El principio de la buena fe. Sus aplicaciones prácticas en el Derecho Civil español.* Bosch Casa Editorial. Barcelona (España). 1965.

De Vries, Jan: *La economía de Europa en un período de crisis 1600-1750.* Cátedra. Madrid. 1979.

Decocq, André: *Droit de la Concurrence interne et communautaire.* LGDJ. París. 2002.

Diccionario de la lengua española. 22.ª Edición. Real Academia Española. Madrid.

Díez-Picazo, Luis y Gullón, Antonio: *Sistema de Derecho Civil.* Vol. I. 11.ª, Editorial Tecnos. Madrid. 2004.

Díez-Picazo, Luis: *Fundamentos del Derecho Civil patrimonial*. Tomo I. Editorial Tecnos. Madrid. 1983.

_____: *La doctrina de los propios actos*. Editorial Bosch. Barcelona. 1963.

_____: «Prólogo» a la traducción de la obra: *El principio general de la buena fe* de F. Wieacker. 2.ª, Editorial Civitas. Madrid. 1986.

Domínguez, Manuel: «Los contratos de distribución: agencia mercantil y concesión comercial», en: *Contratos internacionales*. Editorial Tecnos. Madrid. 1997.

Ducrocq, Cédric, Jamin, Nathalie y Lagrange, Sophie: *La Distribution*. Ediciones Gilbert Joseph. París. 1994.

Duguit, León: *Las transformaciones del derecho*. Buenos Aires. Editorial Heliasta. 1975.

Enciclopedia Jurídica Mexicana. Tomo V. Porrúa-UNAM. México D.F. 2002.

Enciclopedia Jurídica Omeba. Tomo XVI. Bibliográfica Omeba. Buenos Aires. 1962.

Enneccerus, Ludwig; Kipp, Theodor y Wolf, Martin: *Tratado de Derecho Civil. Derecho de Obligaciones*. Tomo II. Vol. I. Librería Bosch. Barcelona. 1933.

Escobar Sanin, Gabriel: *Negocios civiles y comerciales*. Tomo I Negocios de Sustitución. Universidad Externado de Colombia. Bogotá. 1985.

Espert Sanz, Vicente: *La frustración del fin del contrato*. Editorial Tecnos. Madrid. 1968.

Etcheverry, Raúl A.: *Derecho comercial y económico. Contratos. Parte especial*. Buenos Aires. Editorial Astrea. 1995.

Farina, Juan Manuel: *Contratos comerciales modernos*. Editorial Astria. 2.ª, Buenos Aires. 1993.

_____ *Contratos de colaboración, contratos de organización, contratos plurilaterales y contratos asociativos*. Editorial La Ley. España. 1992.

_____: *Resolución del contrato en los sistemas de distribución*. Buenos Aires. Editorial Astrea.

FELDSTEIN DE CÁRDENAS, Sara: *Contratos Internacionales*. Abeledo-Perrot. Buenos Aires. 1995.

FERNÁNDEZ SESSAREGO, Carlos: *Contrato y Mercado*. Gaceta Jurídica Editores. Lima. 2000.

_____: «El supuesto de la autonomía de la voluntad». *Gaceta Jurídica Revista de Actualidad Jurídica*. Tomo 75-B.

FIERRO-MÉNDEZ, Rafael: *Teoría general del contrato, contratos civiles y mercantiles*. Ediciones Doctrina y Ley Limitada. Bogotá. 2007.

FONTANARROSA, Rodolfo: *Derecho comercial argentino. Doctrina General de los contratos comerciales*. Tomo II. Editorial V. P. de Zavalía. 1971.

GALGANO, Francisco: *El negocio jurídico*. Editorial Tirant lo Blanch. Valencia. 1992.

GALINDO GARFIAS, Ignacio: «El principio de la buena fe en el Derecho Civil». *Revista de la Facultad de Derecho de México*. Tomo XXXI. N.º 120. México D. F. 1981.

GARRIGUEZ DÍAZ-CAÑABETE, Joaquín: *Tratado de Derecho Mercantil. Obligaciones y contratos mercantiles*. Tomo III. Vol. I. Editorial RDM. Madrid. 1963.

GASTALDI, José María: *Contratos*. Buenos Aires. Abeledo-Perrot. 1995.

GAUDEMENT, Eugene: *Teoría general de las obligaciones*. 2.ª, Editorial Porrúa S.A. México D. F. 1984.

GETE, María del Carmen: *Estructura y función del tipo contractual*. Editorial Barcelona (España). Bosch. 1979.

GIORDI, Jorge: *Teoría de las Obligaciones*. Tomo 3. Editorial Reus S. A. Madrid. 1920.

GOLDSCHMIDT, Roberto: *Curso de Derecho Mercantil*. UCAB-Fundación Roberto Goldschmidt. Caracas. 2002.

GONZÁLEZ, Enrique: *La experiencia de las franquicias*. Editorial McGraw-Hill. México D. F. 1994.

HEDEMANN, Justus Wilhelm: *Tratado de Derecho Civil*. Vol. III. Editorial Revista de Derecho Privado. Madrid. 1958.

Hernández A., Oscar, y Richter, Jacqueline. *El trabajo sin tutela en Venezuela. Nuevas y viejas formas de desprotección laboral*. Universidad Central de Venezuela. Caracas. 2002.

Hinestrosa, Fernando: *Función, límites y cargas de la autonomía privada*. Editorial Externado. Bogotá. 1986.

Informe V de la Conferencia Internacional del Trabajo, 95.ª, reunión, 2006: «La relación de trabajo». Quinto punto del orden del día Oficina Internacional del Trabajo Ginebra. http://www.ilo.org/public/spanish/standards/relm/ilc/ilc95/pdf/rep-v-1.pdf.

Iglesias Prada, Juan Luis: «Notas para el estudio del contrato de concesión mercantil». *Estudios de Derecho Mercantil. Homenaje a Rodrigo Uría*. Civitas. Madrid. 1978.

Instituto Español del Comercio Exterior: *Guía País Francia*. http://www.icex.es/staticFiles/Francia_6810_.pdf.

Iturraspe, Jorge Mosset: *Contratos*. Editorial Rubinzal-Culzolni. Buenos Aires. 1995.

Kelsen, Hans: *El contrato y el tratado analizados desde el punto de vista de la teoría pura del derecho*. Editorial Nacional. México D. F. 1974.

Kummerow, Gert: *Algunos Problemas fundamentales del contrato por adhesión en el Derecho Privado*. Caracas. 1981.

La Cruz, José; et al.: *Elementos de Derecho Civil II. Derecho de Obligaciones*. Vol. i. Barcelona (España). 1994.

Lalaguna, Enrique: «La libertad contractual». *Revista de Derecho Privado*. Vol. ii. 1972.

Larroumet, Christian: *Teoría General del Contrato*. Vol. i. Editorial Temis. Bogotá. 1993.

Lavalle Cobo, Dolores y Lavalle Cobo, Jorge: *Contrato de distribución: deberes de las partes durante el plazo de preaviso de rescisión*. Editorial La Ley. 1996.

López, Ana: *Los Contratos conexos*. José M. Bosch Editor. Barcelona (España). 1994.

Maduro Luyando, Eloy y Pittier Sucre, Emilio: *Curso de Obligaciones. Derecho Civil III*. Tomo II. UCAB. 2009.
Manresa y Navarro, José María: *Comentarios al Código Civil español*. Tomo VIII. Vol. II. Editorial Reus. Madrid. 1967.
Marzorati, Osvaldo y Molina, Carlos: *Contratos de distribución*. Editorial Heliasta. Buenos Aires. 2010.
Marzorati, Osvaldo: *Derecho de los negocios internacionales*. Editorial Astrea. Buenos Aires.
──────: *Franchising*. Editorial Astrea. Buenos Aires. 2001.
──────: *Sistemas de distribución comercial*. Editorial Astrea. Buenos Aires. 1992.
Mayorga, María Cruz: *El contrato mercantil de franquicia*. Editorial Comares. Granada. 2003.
Mazeaud, Henri; Jean y León: *Derecho Civil, Parte Segunda*. Vol. I, Obligaciones: el contrato, promesa unilateral. Ediciones Jurídicas Europa-América. Buenos Aires. 1960.
Mazel, Jean: *El secreto de los fenicios*. 3.ª, Editorial Bruguera. 1976.
Medicus, Dieter: *Tratado de las relaciones obligacionales*. Vol. I. Bosch Casa Editorial S.A. Barcelona (España). 1993.
Mélich-Orsini, José: *Doctrina general del contrato*. 2.ª, Editorial Jurídica Venezolana. Caracas. 1993.
Messineo, Francesco: *Doctrina general del contrato*. Editorial EJEA. Buenos Aires. 1952.
Messineo, Francesco: *Manual de Derecho Civil y Comercial*. Tomo III. Editorial EJEA. Buenos Aires.
Mogollón Rojas, Ivor: *Estudio sobre la legislación pro competencia venezolana*. Ediciones Liber. Caracas. 2000.
Molina, Carlos: «Contrato de distribución comercial: la cuestión indemnizatoria por ruptura intempestiva». *Revista de Responsabilidad Civil y Seguros*. Año III. N.º VI. Editorial La Ley. 2001.
Monroy, Marco: *Tratado de Derecho Internacional Privado*. Editorial Temis. Bogotá. 1999.

Montoya Melgar, Alfredo: *Enciclopedia Jurídica Básica*. Vol. I. Civitas. Madrid. 1995.
Morles Hernández, Alfredo: *Curso de Derecho Mercantil. Introducción la empresa, el empresario*. Tomo I. UCAB. Caracas. 2004.
_____: *Curso de Derecho Mercantil. Los contratos mercantiles*. Tomo IV. UCAB. Caracas. 2004.
Muñoz, Luis y Castro Zavaleta, Salvador: *Comentarios al Código Civil*. Editorial Cárdena. México D. F. 1974.
Ortiz de Zárate, Álvaro: *Manual de franquicia*. Editorial Deusto. Madrid. 1986.
Palacios Herrera, Oscar: *Apuntes de Obligaciones*. Tomo I. Caracas. 1956.
Payet, M. E.: *Droit de la concurrence et droit de la consommation*. Dalloz. París. 2001.
Paz-Ares Rodríguez, Cándido: *Las excepciones cambiarias*. Editorial Civitas. Madrid. 1986.
Peinado, José: *Pactos de garantía en contratos de colaboración*. Editorial CDC. 1995.
Pérez-Serrabona González, José Luis: «Contratos atípicos en el ámbito mercantil», *Memoria del Congreso Internacional de Culturas y Sistemas Jurídicos Comparados (Derecho Privado)*. Universidad Nacional Autónoma de México. 2005.
Peris, Salvador Miquel *et al.*: *Distribución Comercial*. 5.ª, ESIC Editorial. Madrid. 2006.
Perrotta, Salvador y Couso, Juan C.: «Contrato de Distribución en Contratos de Empresas». *II Jornadas Rioplatenses de Derecho*.
Pla Rodríguez, Américo. *Los principios del Derecho del trabajo*. Ediciones Depalma. Buenos Aires. 1978.
Planiol, Marcel y Ripert, Jorge: *Tratado práctico de Derecho Civil francés*. Tomo VI. Las obligaciones. Cultural, S. A. La Habana. 1946.
Planiol, Marcel: *Tratado elemental de Derecho Civil*. Tomo V. Editorial José M. Cajica Jr. México D. F. 1947.

Puig Brutau, José: *Fundamentos de Derecho Civil. Doctrina general del contrato*. Tomo II. Vol. I. Editorial Bosch, Casa Editorial, S. A. Barcelona (España). 1973.

Puig Brutau, José: *La jurisprudencia como fuente del Derecho. Interpretación creadora y arbitrio judicial*. Editorial Bosch, Casa Editorial. Barcelona (España). 1953.

Rebollo, Alfonso: «Situación y tendencias del sistema de distribución comercial en España. Un Análisis del entorno de la política de reforma de las estructuras comerciales. información comercial española». *Revista de Economía*. N.º 713. 1993.

Reverte Navarro, Antonio: «Comentario al artículo 1255 del Código Civil». *Comentarios al Código Civil y compilaciones forales*. Tomo XVII. Vol. I. Editorial Edersa. 1993.

Ripert, Georges y Boulanger, Jean: *Tratado de Derecho Civil. Según el Tratado de Planiol*. Ediciones La Ley. Buenos Aires. 1974.

Robertson, Robert: «*The Law of Vertical Restraints in Franchise Cases and Summary Adjudication*». *Antitrust Law Journal*. N.º 67. 1999.

Robledo, Teresita e Iribas, Carmen: *El contrato de distribución*. Editorial La Ley. 2000.

Rodríguez Quesada, Raúl: *El agente de comercio*. Editorial La Ley, p. 950. s/f.

Rodríguez-Matos, Gonzalo: «La buena fe en la ejecución del contrato». *Temas de Derecho Civil. Homenaje a Andrés Mawdsley*. Tribunal Supremo de Justicia. Caracas. 2004.

Sainz de Vicuña Ancín, José María: *La distribución comercial: opciones estratégicas*. ESIC Editorial. Madrid. 1996.

Salvat, Raimundo: *Tratado de Derecho Civil argentino. Parte general*. Tomo I. Peuser S.A. Buenos Aires. 1954.

Sánchez Calero, Fernando: *Instituciones de Derecho Mercantil*. Vol. I. McGraw-Hill. Madrid. 2003.

Sánchez Calero, Fernando y Sánchez Calero-Guilarte, Juan: *Instituciones de Derecho Mercantil*. Aranzadi. Madrid. 2008.

Sanín Bernal, Ignacio: *Derecho de la Distribución comercial*. Editorial Millennio. Bogotá. 1995.

Sanojo, Luis: *Instituciones de Derecho Civil venezolano*. Tomo I. Caracas. Imprenta Nacional. 1873.

Santesmases, Miguel: *Marketing. Conceptos y Estrategias*. 4.ª, Ediciones Pirámide. Madrid. 1999.

Santos Briz, Jaime: *Derecho económico y Derecho Civil*. Revista de Derecho Privado. Madrid. 1963.

Scognamiglio, Renato: *Teoría general del contrato*. Universidad Externado de Colombia. Bogotá. 1996.

Soto Coaguila, Carlos: «La Libertad de contratación: ejercicio y límites». *Derecho de las obligaciones del nuevo milenio*. Academia de Ciencias Políticas y Sociales. Caracas. 2007.

Spota, Alberto: *Instituciones de Derecho Civil. Contratos*. Vol. I. Editorial Depalma. Buenos Aires. 1984.

Stiglitz, Rubén: *Autonomía de la voluntad y revisión del contrato*. Editorial Depalma. Buenos Aires. 1993.

Tranchini, Marcela: *Contratos típicos y atípicos. Parte general*. Editorial Depalma. Buenos Aires. 1990.

Turrin, Daniel: *Contrato de distribución*. Editorial Depalma. Buenos Aires. 1989.

Uría González, Rodrigo: *Derecho Mercantil*. 24.ª, Editorial Marcial Pons. Madrid. 1997.

Urrets, Pedro: «Indemnización por ruptura intempestiva del contrato de distribución comercial». *Cuaderno del Departamento de Derecho Comercial y de la Navegación*. N.º 3. 2000.

Vásquez Ortiz, Carlos Humberto: *Derecho Civil IV. Obligaciones II*. Guatemala. 2003.

Vásquez, Rodolfo y Trespalacios, Juan Antonio: *Distribución Comercial: Estrategias de fabricantes y detallistas*. Civitas. Madrid. 1997.

Vérgez Sánchez, Mercedes: «El contrato mercantil». 4.ª, *Lecciones de Derecho Mercantil*. Vol. II. Navarra. Thomson Civitas. 2006.

Villa Rosas, Gonzalo: *Los contratos atípicos*. Universidad Externado de Colombia. Bogotá. 2002.

Vitolo, Daniel: *Contratos comerciales*. Ad-Hoc. Buenos Aires. 1994.

Witker, Jorge: *Derecho de la competencia en América, Canadá, Chile, Estados Unidos y México*. Fondo de Cultura Económica. Chile. 2000. p. 20.

Zaldívar, Enrique; Manovil, Rafael y Ragazzi, Guillermo: *Contratos de colaboración empresaria*. Abeledo Perrot. Buenos Aires. 1986.

Zullo, Nicolás: «Franquicia o concesión». *Boletín Económico La Ley*. Editorial La Ley. Madrid. 1990.

Jurisprudencia y Laudos Arbitrales:

TSJ/SC, sent. del 04-07-12.

TSJ/SCC, sent. N.º 660, del 07-11-03.

TSJ/SCS, sent. N.º 401, del 08-04-14.

TSJ/SCS, sent. N.º 350, del 31-05-13.

TSJ/SCS, sent. N.º 61, del 16-03-00.

Laudo Arbitral de fecha 1º de diciembre de 2006 en el caso Concelular S. A.-En Liquidación *vs.* Comcel S. A. Cámara de Comercio de Bogotá, Centro de Arbitraje y Conciliación.

Laudo arbitral entre Comcelulares F. M. LTDA. y Comunicación Celular S. A., Comcel S. A. 14 de diciembre de 2006. Bogotá.

Sala Primera de la Corte Suprema de Justicia de Costa Rica, sent. N.º 73, del 17-07-96.

Sala Primera de la Corte Suprema de Justicia de Costa Rica, sent. N.º 1, del 05-01-94.

Sala Primera de la Corte Suprema de Justicia de Costa Rica, sent. N.º 216, del 06-12-91.

Jurisprudencia de los Tribunales de la República. Vol. VI. Tomo I. 1957. Editorial Sucre. Caracas. 1960.

Legislación:

Decreto N.° 2092, con rango, valor y fuerza de Ley Orgánica de Precios Justos, del 8 de noviembre de 2015, el cual fue corregido por error material, e reimpreso en la *Gaceta Oficial de la República Bolivariana de Venezuela* N.º 40787, del 12 de noviembre de 2015.

Ley Habilitante otorgada al presidente de la República, *Gaceta Oficial de la República Bolivariana de Venezuela* N.º 6178 extraordinario, del 15 de marzo de 2015.

Decreto con rango, valor y fuerza de Ley de Reforma Parcial Decreto con rango, valor y fuerza de Ley Orgánica de Precios Justos, *Gaceta Oficial de la República Bolivariana de Venezuela* N.º 6156 extraordinario, del 19 de noviembre de 2014.

Ley Orgánica de Precios Justos, *Gaceta Oficial de la República Bolivariana de Venezuela* N.º 40340, del 23 de enero de 2014.

Decreto con Valor, Rango y Fuerza de Ley Antimonopolio, *Gaceta Oficial de la República Bolivariana de Venezuela* N.° 40549, 26 de noviembre de 2014.

Decreto con rango, valor y fuerza de Ley Orgánica del Trabajo, los Trabajadores y las Trabajadoras, *Gaceta Oficial de la República Bolivariana de Venezuela* N.º 6076 extraordinario, del 7 de mayo de 2012.

Decreto con rango, valor y fuerza de Ley de Costos y Precios Justos, *Gaceta Oficial de la República Bolivariana de Venezuela* N.º 39715, del 18 de julio de 2011.

Ley Orgánica de las Comunas, *Gaceta Oficial de la República Bolivariana de Venezuela* N.º 6011 extraordinario, del 21 de diciembre de 2010.

Ley Orgánica del Sistema Económico Comunal, *Gaceta Oficial de la República Bolivariana de Venezuela* N.º 6011 extraordinario, del 21 de diciembre de 2010.

Ley Orgánica de Contraloría Social, *Gaceta Oficial de la República Bolivariana de Venezuela* N.º 6011 extraordinario, del 21 de diciembre de 2010.

Ley Orgánica del Poder Popular, *Gaceta Oficial de la República Bolivariana de Venezuela* N.º 6011 extraordinario, del 21 de diciembre de 2010.

Ley para la Defensa de las Personas en el Acceso a los Bienes y Servicios, *Gaceta Oficial de la República Bolivariana de Venezuela* N.º 39358, del 1º de febrero de 2010.

Ley Orgánica de los Consejos Comunales, *Gaceta Oficial de la República Bolivariana de Venezuela* N.º 39335, del 28 de diciembre de 2009.

Ley Orgánica de Seguridad y Soberanía Agroalimentaria, *Gaceta Oficial de la República Bolivariana de Venezuela* N.º 5889 extraordinario, del 31 de julio de 2008.

Ley Especial de Defensa Popular contra el Acaparamiento, la Especulación, el Boicot y cualquier otra conducta que afecte el consumo de los alimentos o productos sometidos a control de precios, *Gaceta Oficial de la República Bolivariana de Venezuela* N.º 38629, 21 de febrero de 2007.

Ley de los Consejos Comunales, *Gaceta Oficial de la República Bolivariana de Venezuela* N.º 5806 extraordinario, del 10 de abril de 2006.

Ley de Protección al Consumidor y al Usuario, *Gaceta Oficial de la República Bolivariana de Venezuela* N.º 37930, del 4 de mayo de 2004.

Ley de Protección al Consumidor y al Usuario, *Gaceta Oficial de la República de Venezuela* N.º 4898 extraordinario, del 13 diciembre de 1995.

Ley para Promover y Proteger el Ejercicio de la Libre Competencia, *Gaceta Oficial de la República de Venezuela* N.º 34880, del 13 de enero de 1992.

Código Civil de Venezuela, 1982.

Código de Comercio de Venezuela, 1964.

Decreto N.° 2367, *Gaceta Oficial de la República Bolivariana de Venezuela* N.º 40941, del 11 de julio de 2016.

Decreto N.º 8071. *Gaceta Oficial de la República Bolivariana de Venezuela* N.º 39621, del 22 de febrero de 2011.

Decreto N.º 7185, *Gaceta Oficial de la República Bolivariana de Venezuela* N.º 39351, del 21 de enero de 2010.

Decreto N.º 239 Normas de Política Comercial de Venezuela, *Gaceta Oficial de la República de Venezuela* N.º 34230, del 30 de mayo de 1989.

Reglamento N.º 1 de la Ley para Promover y Proteger el Ejercicio de la Libre Competencia, *Gaceta Oficial de la República de Venezuela* N.º 35202, del 3 de mayo de 1993.

Providencia Administrativa N.º 070/2015 de fecha 25 de octubre de 2015 dictada por la Superintendencia Nacional para la Defensa de los Derechos Socioeconómicos, mediante la cual se reguló las «Modalidades para la Determinación, Fijación y Marcaje de Precios en todo el Territorio Nacional», *Gaceta Oficial de la República de Venezuela* N.º 40774, del 26 de octubre de 2015, reimpresa por error material en la *Gaceta Oficial* N.º 40775, del 27 de octubre de 2015.

Providencia Administrativa N.º 057, dictada por la Superintendencia Nacional para la Defensa de los Derechos Socioeconómicos (Sundde), *Gaceta Oficial de la República Bolivariana de Venezuela* N.º 40547, del 24 de noviembre de 2014.

Resolución 010/16 de la Jefatura del Comando para el Abastecimiento Soberano, *Gaceta Oficial de la República Bolivariana de Venezuela* N.º 41005, del 7 de octubre de 2016.

Resolución N.º 006/16 de la Jefatura del Comando para el Abastecimiento Soberano, *Gaceta Oficial de la República Bolivariana de Venezuela* N.º 40994, del 22 de septiembre de 2016.

Resolución N.º SPPLC/036-95 del 28 de agosto de 1995, *Gaceta Oficial de la República de Venezuela* N.º 35801, del 21 de septiembre de 1995.

www.ingramcontent.com/pod-product-compliance
Lightning Source LLC
LaVergne TN
LVHW051623080426
835511LV00016B/2148